Rudi Pinke

Mann sein? – (k)ein Problem

W0216465

Rudi Pinke

Mann sein? – (k)ein Problem

Die Heilung von der Vaterwunde

Copyright © 2004 by Asaph Verlag, D-Lüdenscheid

1. Auflage 2004

Umschlaggestaltung: JOUSSENKARLICZEK, D-Uhingen
Satz/DTP: dms, D-Leverkusen
Druck: Breklumer Druckerei M. Siegel, D-Breklum

Printed in the EU

ISBN 3-935703-44-9
Bestellnummer 147344

Für kostenlose Informationen über unser umfangreiches
Lieferprogramm an christlicher Literatur,
Musik und vielem mehr wenden Sie sich bitte an:

ASAPH
D-58478 Lüdenscheid

E-Mail: asaph@asaph.net
www.asaph.net

Inhalt

VORWORT

Offensichtlich leben die meisten Männer nicht aus der Fülle ihrer männlichen Identität. Dafür gibt es Gründe. Zum einen wird das Thema „Mannsein" in der Gesellschaft extrem widersprüchlich behandelt, parallel zu der Weiterentwicklung so genannter neuer Werte und neuer Lebensformen. Heute hü und morgen hott. Männer müssen dies so tun – und Männer müssen das so lassen. Die Rahmenbedingungen sind anstrengend. Viele Männer leiden darunter. Manchmal denke ich: Mannsein *an sich* provoziert schon.

Das gesellschaftliche Durcheinander stellt aber nur die Symptomatik dar zu einer epidemie-ähnlichen Krise des Männlichen, deren Ursachen tiefer liegen. Sie finden sich im Wesentlichen in der Tatsache, dass seit Generationen „Mannsein" nicht mehr in adäquater Weise weitergegeben wird und somit nicht mehr richtig erlernt werden kann. Väter haben die Aufgabe, Mannsein weiterzugeben. Wenn Väter fehlen und Mannsein nicht weitergegeben wird, muss man darüber spekulieren, was Mannsein überhaupt bedeutet. Genau das tun wir heute.

In unseren Gemeinden erleben wir diese Unsicherheit genauso wie in anderen Bereichen der Gesellschaft. Männlichkeit kann nicht richtig ausgelebt werden, weil wir alle unsicher sind, was sie überhaupt beinhaltet. Deshalb spielen Männer nicht selten zu Unrecht eine Nebenrolle. Es bleibt ein Vakuum oder die Leere wird von Frauen ausgefüllt (Familie, Erziehung, Freundschaften, Gemeindeaktivitäten). Nur Geldverdienen ist die Domäne der Männer geblieben.

„Männlichkeit" wird auch kaum von der Bibel her in unseren Gemeinden thematisiert. Das ist bedauerlich, denn Bibel und Gemeinde besitzen den Schlüssel für echtes Mannsein. Männer haben insgesamt keine gute Presse, weil sie im Kriegführen, Morden, Kriminellsein und Nichterfüllen von Erwartungen in vielen Statistiken weit vor den Frauen rangieren.

Doch jetzt kommt die Zeit der Männer. Frauen haben sich bereits vielfältig emanzipiert. Und der Prozess ist noch nicht abgeschlossen. Frauen-Befreiung läuft wie ein alter VW: gleichmäßig und rund. Doch jetzt setzt sich das Thema „Vaterschaft“ an die Spitze der Emanzipations-Hitliste von Gesellschaft und Gemeinde. Väterbewegung, Väter für Kinder, geistliche Vaterschaft. Und Vaterschaft ist männlich. Der Link von Vaterschaft zur Männlichkeit ist nur noch Formsache. Prophetisch gesehen stehen wir am Beginn einer Zeit der Heilung und Befreiung von männlicher Unsicherheit und einer oft selbst gewählten Blindheit. Das wird der ganzen Gesellschaft gut tun und auch unseren Gemeinden, die selber einen wichtigen Beitrag dazu leisten können und müssen. Auch Frauen werden davon profitieren. Es ist Gottes Zeit. Zeit der Männer.

Dieses Büchlein ist aus Predigten und Lehreinheiten entstanden, die ich in den letzten zwei Jahren in vielen Gemeinden und auf einer Reihe von Konferenzen gehalten habe. Die positiven Resultate waren augenscheinlich und haben mich oft selbst überrascht.

Ich weiß auch, dass sich nicht alle Probleme auf das Problem der Vaterwunde reduzieren lassen. Aber die Vaterwunde spielt eine ungleich größere Rolle in unserem Zusammenleben, als bisher erkannt und zugegeben wurde. Und Männer sind besonders davon betroffen.

Rudi Pinke, im August 2004

Der Anfang des Mannseins

Und Gott sprach: Lasst uns Menschen machen in unserm Bild, uns ähnlich! Sie sollen herrschen über die Fische des Meeres und über die Vögel des Himmels und über das Vieh und über die ganze Erde und über alle kriechenden Tiere, die auf der Erde kriechen!
Und Gott schuf den Menschen nach seinem Bild, nach dem Bild Gottes schuf er ihn; als Mann und Frau schuf er sie. (1. Mose 1,26)

Der gute Anfang
Das alles klingt nach einem gut durchdachten göttlichen Plan. Menschen für Gott und Gott für die Menschen. Zuerst der Mann, dann die Frau. Eine klare Beauftragung für den neu geschaffenen Mann. Zusätzlich: Die Frau aus seiner Mitte entnommen, ihm ähnlich, aber doch zur perfekten Ergänzung gedacht. Das sieht wirklich gut aus.
Und Gott versprach dem Mann (und der Frau) ein Leben voller Freiheit, Abenteuer, Leidenschaft, Begeisterung, Entdeckung, Schönheit, Kreativität. Leben in der Fülle an der Seite Gottes, verbunden mit dem Auftrag, über das übrige Geschaffene zu herrschen und es weiterzuentwickeln und sich selbst zu multiplizieren. Schöpferisch an der Seite Gottes. Durch Beziehung und Hingabe in einer Atmosphäre des Friedens, der Freude und des Gelingens: „Seid fruchtbar und mehret euch …"

Gott ist Geist
Der neugeschaffene Mann lebte und verkehrte mit Gott im Geist. Denn Gott ist Geist. Nur so konnte er Gott begegnen. Und der menschliche Geist funktionierte perfekt. Hier der Beweis:

... da bildete Gott, der HERR, den Menschen, aus Staub vom Erdboden und hauchte in seine Nase Atem (Geist) des Lebens; so wurde der Mensch eine lebende Seele. (1. Mose 2,7)

Als Adam anfing sich einsam zu fühlen hatte Gott ein Einsehen und schuf zur Ergänzung des Mannes die Frau:

... und Gott, der HERR, baute die Rippe, die er von dem Menschen genommen hatte, zu einer Frau, und er brachte sie zum Menschen. Da sagte der Mensch: Diese endlich ist Gebein von meinem Gebein und Fleisch von meinem Fleisch; diese soll Männin heißen, denn vom Mann ist sie genommen. (1. Mose 2,22-23)

Der Mann: nicht mehr allein

Begeisterung und Freude über die neue Partnerin waren riesengroß, da diese in vielerlei Hinsicht dem Mann ähnlich war. Der Mann konnte mit ihr kommunizieren wie mit keinem anderen Geschöpf und das mit-geteilte Leben brachte eine unglaubliche Qualitätssteigerung. Aber in mancher Beziehung war die Partnerin auch anders. Das musste so sein, damit Ergänzung zu einem vollkommenen menschlichen Ganzen möglich wurde. „Vermehrt euch und macht untertan" – Multiplikation des Menschseins und Beherrschung der Schöpfung – so lautete der göttliche Auftrag.
Die gemeinsame Ausführung bedeutete alles Glück, alle Zufriedenheit und Identität, ein Mann, eine Frau zu sein. Schöpferisches Leben an der Seite des liebenden Gottes – das war die Perspektive. Das alles wird in dieser Bibelstelle sichtbar. Gott hatte genau das Richtige zum richtigen Zeitpunkt getan. Dann gab es aber diese eine Einschränkung:

Und Gott, der HERR, gebot dem Menschen und sprach: Von jedem Baum des Gartens darfst du essen; aber vom

Baum der Erkenntnis des Guten und Bösen, davon darfst du nicht essen; denn an dem Tag, da du davon isst, musst du sterben! (1. Mose 2,16-17)

Ein klarer Befehl

Der Schöpfer aller Dinge traf gegenüber dem Mann eine einzige einschränkende Verfügung, deren Einhaltung nicht schwer war. Sie hat mit freiwilliger Unterordnung und absolutem Gehorsam zu tun. Die allein richtige Haltung gegenüber Gott war gefragt: Der Glaube an seine Allmacht und Güte. Doch dann kam es zur Katastrophe:

Und die Frau sah, dass der Baum gut zur Speise und dass er eine Lust für die Augen und dass der Baum begehrenswert war, Einsicht zu geben; und sie nahm von seiner Frucht und aß, und sie gab auch ihrem Mann bei ihr, und er aß. (1. Mose 3,6)

Die Frau und Partnerin des Mannes wird aufgrund ihrer offensichtlichen Fähigkeit, ihre Umwelt mit Lust und Interesse zu betrachten, aufgrund ihren Stärken, die auch ihre Schwächen sind, in eine Falle gelockt. Sie wird von Neugier und Lust überwältigt. Und der passiv daneben stehende Adam lässt es geschehen. Augenblicklich setzen die Folgen der Katastrophe ein, beschrieben in 1. Mose 3,17:

Und zu Adam sprach er: Weil du auf die Stimme deiner Frau gehört und gegessen hast von dem Baum, von dem ich dir geboten habe: Du sollst davon nicht essen! – so sei der Erdboden verflucht um deinetwillen: Mit Mühsal sollst du davon essen alle Tage deines Lebens …

Der Augenblick der Wahrheit

Gott machte den Menschen. Zuerst den Mann. Er sollte im Sinne Gottes als sein Gegenüber die Welt über die eigene

Vermehrung beherrschen und sie im Sinne Gottes weiter entwickeln. Der Mann wurde in der Wildnis geschaffen und später in das Paradies gebracht. Dort wurde die Frau aus dem Mann gemacht.

Die Schlange kam und verführte Eva

Und Adam der Mann stand neben Eva, seiner Frau. Er hatte also Zeit genug, zu überlegen, ob er Gott bedingungslos an die erste Stelle setzen und seinem Gebot gehorchen wollte oder ob er Eva Gott vorziehen und wie sie Gottes Gebot brechen würde. Einen winzigen Augenblick lang lag das Schicksal der Welt in Adams Händen, in der Hand des Mannes. Er hätte sagen können: „Nein, Eva, ich mache nicht mit.“ Und alles wäre anders gelaufen. Stattdessen folgte er Eva, machte sie zu seinem Gott und der Rest ist bekannt. Seither ist Männlichkeit wie alles andere auch von Sünde gezeichnet und pervertiert. Mannsein ist nicht mehr dasselbe wie vor dem Sündenfall.

Männlichkeit ist heilbar

Jesus hat aber durch sein Opfer auch das „Mannsein“ wiederhergestellt. Wenn wir „ja“ zu Jesus sagen, kann er unsere Männlichkeit heilen. Das geschieht aber nicht automatisch, sondern dann, wenn man sein deformiertes, ja kaputtes Mannsein erkennt und Jesus um Heilung bittet. Und nicht nur bittet, sondern ihn auch heilen lässt. Ich weiß das aus eigenem Erleben. Nach meiner Bekehrung wurde vieles sofort anders und besser. Aber die verschiedenen Nöte mit meiner Männlichkeit kamen erst nach gründlicher Erkenntnis und Bitte um Heilung ins Lot. Trotzdem fehlen mir noch einige Heilungserfahrungen z. B. bei einigen Formen von Angst. Ich glaube inzwischen auch, dass der Heilungsprozess meiner Männlichkeit bis an mein Lebensende weitergehen wird und muss. Noch einmal zurück zu Adam.

Die Sünde Adams:

- Geschaffen, um unter höherem Befehl zu stehen – er versagte.
- Geschaffen, um in Abhängigkeit von Gott zu leben – er versagte.
- Geschaffen, um zu gehorchen – er versagte.
- Geschaffen, um treu zu sein – er versagte.
- Geschaffen, um zu beschützen – er versagte.
- Geschaffen, um Verantwortung zu übernehmen – er versagte.
- Geschaffen, um zu führen – er versagte.
- Geschaffen, um Beziehung zu pflegen – er versagte.
- Geschaffen, um in der richtigen Distanz die Lage zu beurteilen – er versagte.
- Geschaffen, um aus seinem Umgang mit Gott heraus seine Handlungen zu bestimmen – er versagte.

Adam blieb passiv

Er vernachlässigte die Beziehung zu Gott und auch zu Eva, indem er passiv blieb. Er war zunächst unbeteiligt und hatte anfangs keinen Bezug zur Situation. Obwohl die Situation neu, einmalig, ungewöhnlich und aktuell war. Die Schlüsselposition in seiner Beziehung zu Gott war in Gefahr. Gottes Stimme war in seinem Geist hörbar: „Ihr werdet sterben." Hellwach und unmittelbar hätte er zwischen die Schlange und Eva springen müssen. Das tat er jedoch nicht und löste so die gewaltigste Veränderung aus, die je durch einen Akt der bewussten Passivität ausgelöst wurde. Hautnah erlebte er:

Und Gott, der HERR, rief den Menschen und sprach zu ihm: Wo bist du? Da sagte er: Ich hörte deine Stimme im Garten, und ich fürchtete mich, weil ich nackt bin, und ich versteckte mich. (1. Mose 3,9-10)

Die Ursünde der Passivität

Passivität wirkt bei Männern oft wie ein lähmendes Gift, das tötet und geistliches Leben nicht entstehen lässt. Passivität löst in letzter Konsequenz aus, dass der Mann sich distanziert und versteckt. Wo die männliche Stärke, die Dinge mit Abstand zu betrachten, in Passivität umschlägt, entsteht folglich

- Gleichgültigkeit
- Feigheit
- Neutralität
- Schuldverschiebung
- Schuldzuweisung
- Abwesenheit trotz physischer Anwesenheit
- Schutzlosigkeit, Unsicherheit
- Verantwortungslosigkeit
- Distanzieren und Verstecken

Auf diese Weise wird eine Stärke, nämlich abwägen zu können, zum Fluch. Die Frau kommt ebenfalls unter die Auswirkungen des Fluchs der Passivität des Mannes. Ich vermute sogar, dass die verschiedenen Formen des Feminismus eine der (falschen) Antworten der Frau auf dieses Fehlverhalten sind.

Soweit die Anfänge

Jetzt folgt ein Sprung in die Gegenwart: Wir wollen wissen, wie sich „Mannsein“ heute darstellt, wie es sich in der Gesellschaft und der Gemeinde Jesu entwickelt.

Göttlicher Mutmacher

Gott will den Mann als Mann. Als Ebenbild Gottes. Männliche Identität ist in Gott. Mannsein soll Freude machen und die übrige Schöpfung segnen.

MANNSEIN HEUTE

Jede Menge Tatsachen

Deutschlands einflussreichste Wochenzeitschrift „Der Spiegel“ titelte in seiner Ausgabe Nr. 38 vom 15.09.03: „Warum gibt es eigentlich Männer?“ Eine an Dummheit und provokanter Frechheit nicht zu überbietende Aufmachung. Der eigentliche Leitartikel ist dann sogar überschrieben: „Eine Krankheit namens Mann“.

Unsere zornige und spontane Antwort ist klar: Erstens gibt es Männer, weil Gott sie gewollt und erschaffen hat. Und zweitens sind Männer keine Krankheit, sondern eins von zwei Geschlechtern, das die Hälfte der Erdbevölkerung stellt. Beim näheren Hinschauen ergibt sich aber, dass die Überschriften zwar provozierend sind, dass aber eine ganze Menge Fakten zu solchen Formulierungen verführen können. Jedenfalls wird viel Wahres über das Mannsein und Männer zu Tage gefördert, mit dem man sich auseinander setzen muss. Zusammengefasst:

Spiegel Nr. 38/03:

- Männer leben durchschnittlich 7 Jahre weniger als Frauen.
- Männer scheitern immer wieder in Intimbeziehungen.
- Etwa 80 % der wegen körperlicher Gewaltanwendung Verurteilten sind Männer.
- Etwa 70 % der Opfer von Gewalttaten sind Männer.
- Massaker, Mord und Totschlag gehen fast ausschließlich auf das Konto von Männern,
- ebenso organisierte Kriminalität,
- ebenso Sextourismus.
- Sie dominieren bei sexuellem Missbrauch,
- ebenso beim Hooliganismus.
- 99 % aller Betrüger in Deutschland sind Männer.

- 75 % der verhaltensgestörten Kinder sind männlichen Geschlechts.
- Mehr als 66 % der Kinder mit Lernschwierigkeiten sind männlichen Geschlechts.
- Einer von sieben Jungen wird Opfer einer sexuellen Belästigung, bevor er 18 wird.
- 95 % der Gefängnisinsassen sind Männer.
- Dritthäufigste Todesursache bei Männern zwischen 15 und 65 ist Selbstmord.
- Männer und Jungen begehen dreimal häufiger Selbstmord als Frauen.
- Bei Verkehrsunfällen dominieren Männer als Beteiligte.

Fazit

An diesen aufrüttelnden Fakten kommen wir nicht vorbei, auch wenn Teile der Gesellschaft und auch der Christen diese am liebsten ignorieren würden. Dadurch wird aber nichts gewonnen. Im Gegenteil: Wegschauen schwächt unsere Erkenntnisfähigkeit. Und vereitelt die Heilung vieler Männer. Männer sind nicht naturgegeben schlechter als Frauen. Sie sind in mancher Beziehung eben anders. Und beide Geschlechter sind schließlich vom Sündenfall gezeichnet.

Aber sie entwickeln sich in unserer Zeit in mancher Hinsicht unterschiedlich. Frauen kämpften und kämpfen auf vielen Feldern um Positionen und Rechte, oftmals mit Erfolg. Das eroberte Terrain besetzen sie regelmäßig mit großer Natürlichkeit, so als wäre es nie anders gewesen. Frauen und Mütter haben z. B. in der Erziehung der Kinder viele Aufgaben übernommen, die Väter und Männer schultern sollten. Trotzdem sind sie nicht die besseren Männer, wie manchmal behauptet wird. Auch wenn das biblische Bild der Frau in der Gesellschaft ebenso wenig eine Rolle spielt wie das des Mannes, scheinen die Frauen insgesamt besser zurechtzukommen. Männer krampfen ihrer Männlichkeit hinterher und entwerfen ständig neue Ideale für sich selbst. Und in der grundsätzlichen Auseinandersetzung mit der Männlichkeit überlassen sie das Feld häufig den Frauen. Das ist fatal.

Mann und Gesellschaft

„Nicht gottgemäß“ aus biblisch-christlicher Sicht gilt grundsätzlich für beide Geschlechter. Die männliche Fehlentwicklung hat aber gesellschaftlich offensichtlich die weitaus größeren Auswirkungen. Und was die Gesellschaft betrifft, das geht auch die Gemeinde etwas an. Denn diese ist stets ein Spiegelbild der Gesellschaft.

Auf einen Punkt gebracht

Viele Männer haben das wirkliche Mannsein nicht verstanden. Deshalb steht zwangsläufig die Frage obenan: Was ist authentisches Mannsein überhaupt? Wenn Männer es nicht verstehen, wie sollen Frauen es dann verstehen? Auch die Gesellschaft hat es nicht verstanden, entwirft aber trotzdem ständig neue Modelle. Schließlich bleibt die Gemeinde Jesu, die Mannsein kaum thematisiert. Das ist tragisch und darf nicht so bleiben. Dabei hat die Bibel in Jesus von Nazareth einen idealen Mann modelliert.
Während „Der Spiegel“ in seinem Artikel davon ausgeht, dass das männliche Y-Chromosom kaputtgeht und die Männer früher oder später aussterben werden, wissen wir, dass dies eine Lüge ist. Männlichkeit ist heilbar wie alles, was von Sünde gezeichnet ist. Allerdings: allein in Jesus Christus. Jesus ist nicht nur „der“ Mann, ein Mann ganz nach dem Willen Gottes, sondern er hat durch sein Opfer auch das durch Sünde zerstörte Mannsein wiederhergestellt.

Jesus ist die Antwort

Alles Verständnis, was Mannsein bedeutet, kommt von Jesus. „Der Spiegel“ beschreibt als Beispiel säkularer Erkenntnisvermittlung das heutige Mannsein zwar, er kann aber keine brauchbaren Lösungen anbieten. Stattdessen liefert er völlig unsinnige Analysen, hypothetische Entwicklungen und platte Sprüche ab, z. B.: „Männer sind kostspielig und ineffektiv – aber einmal entstanden, wird man sie nicht wieder los." Andererseits verharrt die Gemeinde Jesu Christi bis heute in Passivität, klammert das Thema „Mann" weitgehend aus oder gibt sich mit Beiträgen wie „Leiterschaft ist männlich" zufrieden. Dabei müsste uns allen klar sein, dass mit nicht voll wiederhergestellter Männlichkeit eines der wichtigsten Erweckungs-Potenziale brachliegt.

Vorbilder fehlen

Der Spiegel greift das Thema in seiner Ausgabe 21 vom 17.05.04 noch einmal auf und titelt diesmal: „Schlaue Mädchen – dumme Jungen: Pädagogen sorgen sich um die Männer von morgen". Immer mehr Jungen verlassen die Schule mit miserablen Noten. Sie sind tief verunsichert, männliche Vorbilder fehlen. Unterdessen steigen die Frauen von morgen auf. Die vorgelegten Fakten sind auch diesmal erdrückend.

Männer können mehr

All diese Fakten belegen: Viele Männer, und die Zahl ist steigend, bringen (selbst nach der Bekehrung) oft ihre besten Potenziale nicht zur Geltung. Im Sport würde man sagen, Männer werden sehr oft unter Wert geschlagen. Sie wirken und arbeiten wie mit angezogener Handbremse. Sie laufen wie Marathonläufer mit angeknacksten Fußknochen und zusammengebissenen Zähnen. Und das hat enorme Auswirkungen in Gemeinde und Gesellschaft.

Krise in unserer Kultur

Soziologen bestätigen: Viele unserer gesellschaftlichen Probleme können zurückgeführt werden auf den Mangel an richtigen Männern, die ihr Mannsein verstehen und positiv damit umgehen.

Männer und ihre Beziehungsfelder

Männer haben zentrale Beziehungsfelder auszugestalten, wo es ganz besonders auf sie ankommt: als Ehemänner und Väter, als Söhne und Brüder, als Freunde anderer Männer und als Leiter in verschiedenen Bereichen von Gesellschaft und Gemeinde. Mit diesen Beziehungsfeldern nehmen sie im gesellschaftlichen Ganzen ausgesprochene Schlüsselpositionen ein. In der Gesellschaft und in unseren Gemeinden.

Das am meisten in Mitleidenschaft gezogene Beziehungsfeld ist das der Vaterschaft. Seit Generationen nehmen Männer ihre Vaterrolle aus unterschiedlichen Gründen oft nur ungenügend wahr. Und das hat äußerst weitreichende gesellschaftliche Auswirkungen.

Fehlerhafter Kreislauf

Von Generation zu Generation geht das so weiter: Fehlendes Verständnis von Mannsein führt zu ungenügender Ehefähigkeit und Vaterschaft. Daraus entsteht oft eine Vaterwunde bei Kindern, die, wenn sie nicht geheilt wird, zu vielerlei Fehlentwicklungen bei beiden Geschlechtern, besonders aber bei Männern führt. Sei es, dass sie in ihrer Unsicherheit und Lebensangst in ein falsches Selbst schlüpfen, was einen Selbsterlösungsprozess auslöst, schließlich göttliche Heilung erschwert oder unmöglich macht, sei es, dass fehlende männliche Identität zu Bestätigungssucht führt: in jedem Fall ist mangelhaftes Mannsein und mangelhafte Vaterschaft die Folge.

Unerlöste Männlichkeit hat Folgen

Umfragen sowie wissenschaftliche Untersuchungen beweisen, dass Kinder ohne Vater oder mit einem Vater, der seine Vaterrolle nur ungenügend wahrnimmt, im Leben vielfältig benachteiligt sind.

So ist erwiesen, dass sie weniger akademische Leistungen erbringen. Sie haben größere intellektuelle und kognitive De-

fizite. Sie können sich schwerer in einen Berufs- oder Lebenskontext einordnen und sich darin zurechtfinden. Sie werden öfter straffällig, sie begehen öfter Selbstmord und sind an Tötungsdelikten öfter beteiligt als diejenigen, die eine gesunde Vaterbeziehung hatten.
Daraus folgt, dass richtiges Mannsein etwas mit gesunder Vaterschaft zu tun hat. Fehlt diese, kommt es zu Mängeln im Verständnis von Mannsein.
Die Zeitschrift „Psychologie heute" fragt in ihrem Leitartikel in ihrer März-Ausgabe 2004: „Wie viel Vater braucht ein Kind?" Sie stellt darin fest:

- Es besteht ein riesiges väterliches Defizit in unserer Gesellschaft.
- Vor allem Jungen leiden unter der Situation.
- Väterbedürftigkeit löst Ängste aus.
- Das führt zu falschen Idealen/Helden.
- Vor uns entfaltet sich ein Drama von beachtlichem Ausmaß,
- psychosomatisch-epidemiologische Störungen.
- Die Katastrophe begann mit der industriellen Revolution.
- Zweiter Weltkrieg: täglich starben ca. 2.500 Männer.
- Das sind ca. 5,4 Millionen in sechs Kriegsjahren, 5,4 Millionen Väter, Ehemänner, Brüder, Söhne.
- Kriegsgefangenschaft: Viele kamen nicht wieder.
- Die psychischen Folgen sind bisher unzureichend erforscht.
- Jahrgänge 1935 bis 1945 sind am schwersten betroffen.
- Nach 1945 setzt sich der Trend fort.
- Männer- und Vätermangel ist für ganze Gesellschaft problematisch:
- verunsicherte/verwirrte Männer
- mit falschem Selbstverständnis.
- Sexuelle Identität wird vom Vater geprägt.
- Vaterlose Kinder sind oft beziehungsunfähig.

- Derzeit gibt es 3 Millionen Alleinerziehende.
- Das macht ca. 20 % der Familien aus.
- Die Zahl hat sich in drei Jahrzehnten verdreifacht.
- Verhaltensauffälligkeit bei Kindern findet sich fast immer im Kontext von Vaterlosigkeit oder Vaterdefiziten.

Ausgangslage der Männer

Sehr viele Männer der heutigen Generation leben nicht authentisch, nicht echt. Sie können mit sich selbst nicht viel anfangen, weil sie das Mannsein nicht gelernt haben. Sie leben nicht oder selten in der von Jesus versprochenen Fülle. Sie kennen die Eckpfeiler ihres Dasein nicht und haben wenig Verständnis dafür, wer sie eigentlich sind und wofür sie da sind. Sie leiden an einem akuten Mangel an Identität. Sie wissen nicht, wozu sie berufen sind, was sie wirklich wollen und sollen und was Gott in ihren männlichen Herzen von Anfang an angelegt hat.

Männer verstellen sich

Also versuchen sie dies und das, von Unsicherheit und Angst verfolgt. Dementsprechend sind die Resultate – und der Frust ist groß. Noch größer ist die Angst, nicht anerkannt, nicht bestätigt zu werden. Also wird der Frust verschwiegen. Das darf eben offiziell nicht sein. Ein bisschen verstellen kann sich schließlich jeder. Sie tun so, als wären sie glücklich und alles sei eitel Sonnenschein. Sehr oft sind sie Weltmeister im Verdrängen.

Sie halten diese Fassade aufrecht um sich zu schützen und tun alles, um diese Rolle möglichst glaubwürdig und ausdauernd zu spielen. Aber inwendig brodelt es. Die Unsicherheit über die eigene Identität macht kaputt. Also versuchen es viele mit der Nachahmung von Idolen. Sie schlüpfen in eine Rolle, ein anderes Selbst, eine andere Identität. Und das bringt neue Probleme.

Kontraste

Der Marlboro-Mann ist schlank, kernig und frei. (Schade, dass er sich das Rauchen noch nicht abgewöhnen konnte ...) Der Himmel über ihm ist azurblau und sein Gesicht wettergegerbt. Jede Menge Pferde galoppieren im Hintergrund – Symbol seiner Stärke, seiner kühnen und echten Männlichkeit. Natürlich ist er vollständig unabhängig, braucht niemanden (außer seiner Zigarette) und ihm gelingt auch alles. Sein Lebensstil fasst zusammen, was unser Streben ist: Freiheit, Erfolg, Überlegenheit, totale Männlichkeit. Ein Mann, der nie ins Wanken gerät. Perfekt, westlich, ein Traum von einem Mann. So könnte das Leben Spaß machen.

Das Macho-Image scheint attraktiv

Stark, hart, unabhängig sein, niemanden brauchen, das scheint zu passen. Die Werbung signalisiert das. Das scheint den Begriff „männlich" auszumachen. Aber in Wirklichkeit hat das mit echter, gottgewollter Männlichkeit nichts zu tun. Vielmehr offenbart es eine Fassade, eine Maske, hinter der sich eine große unverheilte Wunde verbirgt. Offensichtlich ist sie in allen sozialen Schichten gleichermaßen verbreitet.

Männerrollen folgen Mustern

Macho, cooler Typ, hart arbeitender Geldbeschaffer, sensibler moderner Mann, knallharter Bursche, guter Kumpel, netter Kerl und so weiter. Die meisten Männer wollen gut sein und das Böse in der Welt bekämpfen. Aber viele orientieren sich an den falschen Helden. Auch darin wird eine unglaubliche Sehnsucht nach dem Echten erkennbar.

Die Vorstellung beginnt

Deshalb versuchen sie, sich und anderen etwas vorzumachen. Sie simulieren ein glückliches und erfülltes Leben. Rund um die Uhr eine oder auch mehrere Rollen zu spielen ist anstrengend. So wundert es nicht, wenn die Fassade irgendwann Risse bekommt. Und manchmal dämmert es uns in besonderen Momenten, was das Leben wirklich sein könnte. Aber dann verschwinden wir schnell wieder in dem antrainierten Selbstbetrug.

Vergessen wir nicht:
Als seinen Hauptschuldner nennt Gott immer wieder Adam. Er spricht nicht so sehr von Eva, auch nicht von der zweiten Eva, sondern von dem zweiten Adam, der die Sünde des ersten Adam tilgt. Nach dem bisher Gesagten leitet sich die eigentliche Berufung des Mannes ab.

Die Berufung als Mann beinhaltet:
- Abhängigkeit von Gott
- Hingabe an die Schöpfung
- Verantwortung
- Leitung
- Zusammenleben (Beziehungen)
- Liebe bis zur Selbstaufgabe

Das sind die Eckpfeiler des biblischen Mannseins. Auch für den heutigen Mann. Zwischen dieser Berufung und der Wirklichkeit liegen oft Welten, sogar bei gläubigen Männern. Zwei Belegstellen aus dem NT in Ergänzung zu den weiter oben genannten Bibelstellen von der Erschaffung des Menschen mögen das fürs Erste belegen. Es geht dabei um das Beziehungsfeld Ehe, die Partnerschaft zwischen Mann und Frau.

> *Ihr Männer ebenso, wohnt bei ihnen mit Einsicht als bei einem schwächeren Gefäß, dem weiblichen, und gebt ihnen Ehre als solchen, die auch Miterben der Gnade des Lebens sind, damit eure Gebete nicht verhindert werden! (1. Petrus 3,7)*

Ehre geben, Schwachheit beschützen, beiwohnen, verstehen, im Glauben fördern, Gnade vermitteln, mitnehmen – das alles ist basismäßig im Verhältnis von Mann und Frau und wirft ein Schlaglicht aufs „Mannsein“. Dazu gehört noch beten, Gott vertrauen, ihn in alles mit hineinnehmen, Zeit mit ihm verbringen.

> *Ihr Männer, liebt eure Frauen, wie auch der Christus die Gemeinde geliebt und sich selbst für sie hingegeben hat. (Epheser 5,25)*

Christus und seine Hingabe an seine Gemeinde stehen Pate, wenn es um die Hingabe echter Männer an ihre Frauen geht. Opferbereitschaft, Opferfreude, Selbstaufopferung – alles geben für das Wohlbefinden und die Zufriedenheit der eigenen Frau –, das ist wieder ein Mosaikstein zum echten Mannsein.

Diese beiden Beispiele mögen fürs Erste genügen. Sie zeigen klar, dass die Bibel das Mannsein in sehr verständlicher Form für uns alle definiert. Und dass es niemals gegen das Frausein gerichtet ist oder in Konkurrenz dazu steht. Mann und Frau sind zur Ergänzung geschaffen.

Sicher ist, dass Männlichkeit nicht so bleiben muss, wie sie in unserer Gesellschaft verstanden wird. Noch einmal: Jesus hat volle Erlösung auch für Männer erkauft. Der voll erlöste Mann ist das Ziel. Der echte Mann. Der biblische Mann. Der geheilte Mann. Der geistliche Mann. Der Mann, der seine gottgegebenen Potenziale voll einsetzen kann und so zum Segen für viele wird.

Ziel

Es gibt ein Leben voller Freiheit, Freude, sexueller Erfüllung, Kreativität, Entdeckungen, auch von Spitzenleistungen, Lieben und Geliebtwerden, das der Mann für sich finden kann. Hat er es gefunden, kann er für seine Umwelt ein unglaublicher Segen werden. Und er kommt dabei nicht zu kurz. Es erfordert Ehrlichkeit (die eigene Hilfsbedürftigkeit einzugestehen), Risikobereitschaft (den männlichen Weg mit Jesus konsequent zu gehen, auch in die eigene Männlichkeit hinein) und die Bereitschaft, sich mit seinem Mannsein voll zu identifizieren. Doch zunächst ein weiterer Blick auf die tatsächliche Situation heute.

GÖTTLICHER MUTMACHER

Es ist nie zu spät! Gottes Hilfe in Jesus Christus, durch den Heiligen Geist vermittelt, wartet darauf in Anspruch genommen zu werden. Mannsein auf höchstem Niveau ist und bleibt das Angebot. So lange ein Mann lebt.

Jesus, der Mann

Wie sieht gottgewollte Männlichkeit aus? Und wie nicht? Was für Aussagen macht die Bibel darüber? Inwieweit hat das etwas mit modernem Mannsein zu tun? Welches Vorbild, Modell, Muster ist in erreichbarer Nähe?

Jesus heilt kranke, verletzte, kaputte Männer

Es ist wichtig, sich immer wieder klar zu machen, dass die durch den Sündenfall verdorbene Männlichkeit von dem auferstandenen Jesus Christus geheilt werden kann. Oft ist es die von Jesus und dem himmlischen Vater ausgehende fürsorgliche Vaterschaft, die einzelne Männer spontan heilt. In der Regel aber muss ein Mann einen Prozess der Heilung durchlaufen.

Zunächst ist es wichtig, die Evangelien und das Leben Jesu daraufhin zu untersuchen. Jesus gibt uns ein Bewusstsein echter Männlichkeit. Das ist die gute Nachricht: Selbst wenn es ganz und gar hoffnungslos aussieht – Jesus ist der ewige Heiler. Und ihm ist nichts zu schwer. Hoffnungslose Fälle kranker Männlichkeit kennt er nicht.

Und Jesus ist der einzige Weg zum Vater im Himmel, von dem alle Vaterschaft und somit alle wahre Männlichkeit ausgeht (Johannes 14,6; Epheser 3,14). Als perfekter Vater überwindet er durch Jesus als Modell und durch den Heiligen Geist jedes Hindernis zum echten, wahren Mannsein. Es ist wichtig, die göttliche Trinität (alle drei göttlichen Personen) auf diesem Weg zum heilen Mannsein mit einzubeziehen.

Jesus, der Mann

Jesus wurde vom Heiligen Geist gezeugt und er wurde in einem Stall geboren. Aus menschlicher Sicht war er komplett unterprivilegiert. Er lebte in einem Handwerkerhaushalt mit der Absicht, König zu werden. Er besaß nichts, hatte ein schlechtes Image bei religiösen und staatlichen Offiziellen und starb als Staatsfeind am Kreuz. Er wurde in einem geliehenen Grab beerdigt. Aus göttlicher Sicht war er der Mann, wie Gott ihn sich von Anfang an wünschte. Er diente einer Sache, die größer war als seine individuelle menschliche Existenz. Hier liegt die erste Wahrheit des Mannseins verborgen: Männer sind für mehr da als nur für sich selbst: „Vermehrt euch, schafft neues Leben und macht euch die Erde untertan." Männer sind zuallererst Gehilfen Gottes und seiner großen Pläne mit der Schöpfung.

Jesus als Mann und Sohn

Er lebte 33 Jahre, davon drei Jahre in einem öffentlichen Predigt- und Lehrdienst. Wenn er von Tugenden wie Demut und Ausdauer sprach, hatte er sie selbst erlernt und erlebt. Sein Leben war das Licht für die Menschen, doch er lebte als Mensch unter Menschen. Das Wichtigste aber war ihm der stete Kontakt zu seinem Vater. Das gipfelte darin, dass er behauptete: „Ich und der Vater sind eins." Er bestand darauf, dass sein Vater größer war als er selbst. Deshalb tat er nichts von sich aus, sondern ausschließlich das, was er den Vater tun sah.

Jesus, das Lebensmodell

Ganz und gar Gott und Mensch, ganz Mann. Die Menschen sahen ihn, das einzige Modell wahrer Männlichkeit. Sie sahen den zweiten Adam, der gekommen war, um wiederherzustellen, was durch die Sünde des ersten Adam kaputtgegangen war. Er war nie passiv im Sinne von Gleichgültigkeit, Desinteresse oder Bequemlichkeit. Er log nie. Er war die Wahrheit und die Liebe selbst. Er lebte beziehungsorientiert. Er hatte einen eisernen, zielorientierten Willen, wenn es darum ging, die Menschen zu Gott zu führen. Im Alltag lebte er seine Fähigkeiten und Gaben zum Segen für andere aus.

Jesus war der männlichste aller Männer

Anders als der weiche, rückgratlose, schlappe, gefügige Mann, anders als der rücksichtslose Macho – er war der Mann schlechthin. Er war er selbst. Er stand zu seiner Identität, die sein Vater ihm gegeben hatte. Er hatte eine gesunde Selbsteinschätzung, einen gesunden Selbstwert.

Er konnte mit großer Fürsorglichkeit einer Witwe, einem Kranken und den vielen Bedürftigen begegnen. Mit unendlicher Liebe und Geduld führte er Sünder auf den rechten Weg. Aber wenn er mit Scheinheiligkeit und Heuchelei konfrontiert wurde, dann konnte er sich richtig aufregen.

Seine Weisheit brachte die religiösen Lehrer durcheinander, er tadelte die Gesetzlichen und erklärte den Menschen, die an ihn glaubten, das wahre Wesen seines Vaters. Die nach Wahrheit und Weisheit suchenden Menschen wurden von ihm immer unterwiesen und unterstützt.

Jesus: Zärtlichkeit und Konfrontation

Ungeniert erklärte er den Schriftgelehrten, dass bußfertige Huren in den Himmel kämen und selbstgerechte religiöse Würdenträger nicht. Wer laut und lange betete, um zu imponieren, wurde von ihm als Schlangenbrut bezeichnet. Wer dem verändernden Wirken Gottes mit menschlicher Tradition kam und sich darauf ausruhen wollte, wurde augenblicklich korrigiert.

Wenn religiöse Leiter das Gesetz anwenden wollten, um eine Ehebrecherin zu steinigen, hielt er ihnen entgegen, dass man selbst sündlos sein müsse, um so etwas zu tun. Er selbst verurteilte die Frau nicht, obwohl er doch ohne Verfehlung war, sondern sagte ihr voller Liebe, sie solle nicht mehr sündigen.

Gütesiegel: Furchtlosigkeit

Jesus hatte keine Angst. Dafür war er voller Gnade und Güte. Wenn er gedemütigt wurde, was häufig vorkam, blieb er angstfrei und ging in seiner Geistessalbung einfach mitten durch die Menge seiner Widersacher hindurch. Seine Stärke und Festigkeit spiegelte sich in seinen Beziehungen, hatte ihre Grundlage in der Sicherheit seiner Identität. Er wusste, wer er war, kannte den Grund seines Daseins und auch seine Aufgabe. Männer müssen diese Grundausrüstung haben: wissen, wer sie sind, wofür sie da sind und wo sie hingehen.

Jesus: Gelassenheit in Person

Er verlor nie die Beherrschung, ließ sich auch nie durch beleidigende Worte oder Handlungen aus der Ruhe bringen. Er handelte nie überstürzt. Er bereitete sich immer auf alles im Gebet vor. Wenn andere Taten verlangten, verharrte er im Gebet. Gebet bestimmte sein Leben und seinen Dienst. Er war absolut unbestechlich. Wann immer er sprach, war Hilfe angesagt. Sein Rat war nie zerstörerisch. Er sagte die Wahrheit in Liebe. Er entwickelte das maximale Potenzial in denen, die ihm nachfolgten. Petrus musste einige Male zurechtgewiesen werden, ihm wurde immer vergeben und er wurde aufgebaut, um selbst Großes für seinen Herrn zu tun. Seinen Jüngern war er Mentor und geistlicher Vater.

Jesus liebte seinen Vater

„Ich und der Vater sind eins“, „Wer mich gesehen hat, hat auch den Vater gesehen“, „Der Sohn kann nichts von sich aus tun, er tut nur, was er den Vater tun sieht“ (Johannes 5,19,30; 6,57; 10,30; 14,10). Jesu Liebe, Jesu Stolz, Jesu Glück, Jesu Lust war der Vater. Und er war total abhängig vom Vater.
Von ihm sagte der Vater im Himmel: „Dieser ist mein vielgeliebter Sohn, an dem ich Wohlgefallen habe.“ Mit anderen Worten: Hört zu, ihr Menschen, und auch du, mein Sohn: Ich bin der göttliche Vater von diesem Jesus. Ich bin seine Identität. In mir hat er alles. In mir ist er alles. Er ist ein Mann und ich bin auf sein Mannsein stolz. Ich bin auf ihn als Mensch und Mann stolz. Das ist mein Sohn, und der hat alles, um sein Leben zu einem unbedingten Erfolg zu machen.

Und Jesus sagte: „Ich tue nichts von mir aus, sondern nur, was ich den Vater tun sehe.“ Ich habe mein Leben und die Ziele, die ich erreichen will, auf meinen göttlichen Vater ausgerichtet. Jesu Wesen, seine Tugendhaftigkeit, sein Charakter, seine Lebenskraft sind Kernsubstanzen seines Mannseins. Was er lebte und lehrte, wurde zum Ideal von Männlichkeit. Für jeden von uns ist Jesus der Mann aller Männer. Und: Er bewährte sich in der Wüste. Das scheint auch für uns Männer von einer gewissen Bedeutung zu sein.

Jesus, die Kraft des Lebens

Aus dem hier Gesagten ergeben sich lebensnotwendige Prinzipien, die Jesus beherrschte und die jedem Mann als Lebensfundament gut anstehen.

- Leitung: Menschen brauchen Leitung, Vorbilder, Modelle. Jeder Mann sollte sich in gewissem Maße darum bemühen, anderen in dieser Dimension zu dienen. Dienen und nicht bevormunden. Jesus erreichte alles auf diese Weise mit 12 einfachen Männern.
- Abhängigkeit wiederum macht einen Mann erst fähig zur Leitung. Jesus war total abhängig von seinem Vater.
- Vision einer größeren Geschichte, die weit über das eigene Leben hinausgeht. Jesus wusste, was seine Berufung war, und er blieb dran bis zum Ende.
- Kontinuität ist Fortsetzung auf der Grundlage des schon Erreichten. Das Rad muss nicht neu erfunden werden. Salomo predigt, dass es nichts Neues unter der Sonne gibt. Jesus verkündete, dass er das Gesetz erfüllen würde.
- Leidenschaft und Begeisterung – zuerst für Gott, für seine großen Taten, dann aber auch für die gehorsame Umsetzung seiner Absichten. Liebe zu Gott und Menschen setzte bei Jesus diese Begeisterung immer aufs Neue in Brand.
- Kommunikation ist die Grundlage des Zusammenlebens:

Jesus verbrachte die Zeit nicht mit Geschwätz oder ehrgebietendem Dauerschweigen, sondern er kommunizierte ohne Unterlass, so dass die Menschen ihn verstanden, wenn sie wollten. Ziele erreicht man mit Hilfe von Kommunikation. Zielgerichtete Männer sind Kommunikatoren.

- Veränderung, Austausch ist der Grundprozess menschlichen Lebens: Unentwegt erklärte er den Menschen, dass nichts so bleiben könne, wie es ist, nicht einmal der Tempel, von dem viele glaubten, er wäre für ewig. Nicht der alte Bund mit Gott, nichts, nichts. Die alten Weinschläuche werden ausgetauscht gegen neue. Der alte Wein gegen neuen. Männer sind Anwälte von Veränderung und Erneuerung.
- Ausgewogenheit und Ausgleich sind ein wichtiger Schlüssel des Lebens, ein Handwerk, eine Kunst, eine Art Training: ausgewogen denken, reden, handeln. Niederreißen und aufbauen. Kämpfen und ruhen. Das Ende des Tunnels sehen. Nach Krieg kommt Frieden. Nach Glaubensabfall kommt Erweckung. Männer führen durch Ausgewogenheit.
- Übereinstimmung ist die Kraft des Lebens: ohne strategische Partnerschaften der Übereinstimmung (Synergie) kein Vorankommen, keine Kraft. Der Mensch ist auf Ergänzung hin angelegt. Männer brauchen Partnerschaften. Männer sind deshalb auch versöhnlich.

Im Gegensatz dazu erkennen wir eine fünffache anti-männliche Versuchung, die scheinbar allgegenwärtig ist und der Männer immer wieder zu erliegen drohen. Der Geist des Todes aller Männlichkeit ist darin zu erkennen, wir lesen davon in 1. Könige 19,4, als Elia sterben will:

1. Depression
2. Verzweiflung
3. Minderwertigkeit

4. Resignation
5. Versagen

Das Schlimmste ist, wenn man als Mann aufgibt, resigniert. Jesus wies nach, dass im Vertrauen auf den Vater auch aussichtslose Situationen wie sein Sterben am Kreuz nicht automatisch zur Aufgabe führen müssen. Sein „Vater, in deine Hände lege ich meinen Geist" drückt dieses Vertrauen aus.

GÖTTLICHER MUTMACHER

Ein erweckter menschlicher Geist ist in der Lage, Jesus nachzuahmen (Epheser 5,1) und in seiner Männlichkeit heil zu werden (Johannes 10,10).

Die Wunde

Tragische Entwicklung des Männlichen

Kleine Kinder beiderlei Geschlechts gehen mit Neugierde und Hoffnung ins Leben. Sie fühlen sich lebendig und sind voller Vorfreude auf die Abenteuer, die das Leben ihnen bringen wird. Leider wird dieses Lebensgefühl den meisten Jungen sehr früh ausgetrieben, bis es mit der Zeit völlig erstirbt. Jeder kleine Junge möchte eins sein mit seinem Vater, so wie Jesus eins war mit seinem Vater: „Ich und der Vater sind eins", sagt Jesus. „Vater, zeig mir, was es bedeutet, ein Mann zu sein", das ist die Hauptfrage aller Männer.

Was ist die Vaterwunde?

Die Wunde entsteht durch eine Entfremdung vom Vater, der die Wurzel für ein männliches Leben in dieser Welt ist. Die Vaterwunde ist eine seelische Verkrüppelung eines Mannes oder einer Frau, die dadurch entsteht, dass der leibliche Vater seiner gottgegebenen Vaterrolle nicht oder nicht voll entspricht. Väter können ihre Kinder bewusst oder unbewusst verwunden. Die Bibel ist voll von Beispielen: Isai verwundete David durch Nicht-Beachtung, David verwundete Absalom durch Nicht-Vergeben usw.

Wenn ich in dieser Arbeit kaum auf die Situation der Töchter, also auf das Vater-Tochter-Verhältnis eingehe, so deshalb, weil das ein eigenes Thema ist. Aber auch, weil Söhne, Männer ohne väterliche Einweisung ins Mannsein seelisch bis zu einem bestimmten Grade verkrüppeln, Töchter aber immer noch einen Teil der weiblichen „Software" von ihrer Mutter bekommen. Ein Junge dagegen kann seine männliche Ausrüstung auch von einer noch so guten Mutter nicht bekommen. Das Verstehen dieser Zusammenhänge ist auch für Frauen extrem wichtig, um den eigenen Mann besser zu verstehen und das gemeinsame Leben besser zu bewältigen.

Der göttliche Plan

Von Anfang an plante Gott, dass ein leiblicher Vater die Grundlagen im Leben seines Sohnes legt und das Verständnis von Mannsein auf den Sohn überträgt. Das ist ein natürlicher Lernvorgang, der erfolgreich ist, wenn die Beziehung zwischen Vater und Sohn stimmt. Hier wird das nötige Selbstvertrauen in die eigene Kraft des werdenden Mannes begründet. Der Vater ist der erste Mann im Leben eines Jungen und für alle Zeit der wichtigste. Er beantwortet die Frage aller Fragen – oder auch nicht – und er gibt dem Jungen den Namen. Tatsächlich fängt „Vater-Sein“ mit dieser Verantwortung an:

Und sie brachen von Bethel auf. Und es war noch eine Strecke Landes, um nach Efrata zu kommen, da gebar Rahel; und sie hatte es schwer mit ihrem Gebären. Und es geschah, als sie es schwer hatte mit ihrem Gebären, da sagte die Hebamme zu ihr: Fürchte dich nicht, denn auch der wird dir ein Sohn! Und es geschah, als ihre Seele ausging – denn sie musste sterben –, da gab sie ihm den Namen Ben-Oni [d. h. Sohn meiner Totenklage]; sein Vater aber nannte ihn Ben-Jamin [d. h. Sohn des Glücks]. Und Rahel starb und wurde begraben am Weg nach Efrata, das ist Bethlehem. (1. Mose 35,16-19)

Der Engel aber sprach zu ihm: Fürchte dich nicht, Zacharias! Denn dein Flehen ist erhört, und Elisabeth, deine Frau, wird dir einen Sohn gebären, und du sollst seinen Namen Johannes nennen. (Lukas 1,13)

Und als acht Tage vollendet waren, dass man ihn beschneiden sollte, da wurde sein Name Jesus genannt, der von dem Engel genannt worden war, ehe er im Mutterleib empfangen wurde. (Lukas 2,21)

Wer ein Ohr hat, höre, was der Geist den Gemeinden sagt! Wer überwindet, dem werde ich von dem verborgenen Manna geben; und ich werde ihm einen weißen Stein geben und, auf den Stein geschrieben, einen neuen Namen, den niemand kennt, als wer ihn empfängt. (Offenbarung 2,17)

All diese Schriftstellen bezeugen, dass der Vater seinem Kind den Namen gibt. Der Name steht sehr stark für die Persönlichkeit des Kindes. Im ersten Fall korrigierte Jakob seine Frau Rahel und setzte den Namen Benjamin durch. Im zweiten und dritten Fall gab Vater Gott selbst Johannes dem Täufer und Jesus ihre Namen. Und in der Stelle aus dem Buch der Offenbarung verspricht Vater Gott, jedem seiner menschlich-geistlichen Kinder einen neuen Namen zu geben. Dadurch wird deutlich, wie sehr der Vater eines Kindes schon von der Namensgebung an für die Entwicklung des Kindes verantwortlich ist.

Gegensatz zum Vatersegen

Eine Vaterwunde steht im Gegensatz zum Vatersegen. Der Vatersegen ist der biblisch-göttliche Normalfall im Verhältnis zwischen Vater und Sohn. Er besteht aus Bestätigung, Bejahung und Einweisung ins Leben durch den Vater plus einer prophetischen Perspektive für das Leben des Sohnes. Fehlt der Vatersegen, oder ist er unvollständig, wird dadurch das Verhältnis des Sohnes zum himmlischen Vater negativ beeinflusst, aber auch das Verhältnis zu anderen Männern, zum anderen Geschlecht und zum Leben überhaupt.

Nachfolgend noch einige biblische Belegstellen:

Und siehe, eine Stimme kommt aus den Himmeln, welche spricht: Dieser ist mein geliebter Sohn, an dem ich Wohlgefallen gefunden habe. (Matthäus 3,17)

Für mich heißt das, was Vater Gott seinem Sohn Jesus anlässlich seiner Taufe zuspricht: Du bist mein Sohn, ein richtiger Mann. Ich freue mich, dass du mein Sohn bist, ein echter Mann, und ich bin sehr froh über dich. Die Sohnschaft und das Mannsein aus der Sicht des himmlischen Vaters wird auch auf uns ausgedehnt:

> *Der Geist selbst bezeugt zusammen mit unserem Geist, dass wir Kinder Gottes sind. Wenn aber Kinder, so auch Erben, Erben Gottes und Miterben Christi, wenn wir wirklich mitleiden, damit wir auch mitverherrlicht werden. (Römer 8,16-17)*

Wir sind Söhne Gottes durch Jesus und mit ihm tragen wir das Siegel göttlicher Vaterschaft in unserem Herzen.

Beispiel für Vatersegen:

> *Dann sagte sein Vater Isaak zu ihm (Jakob): Tritt doch heran und küss mich, mein Sohn! Da trat er heran und küsste ihn. Und als er den Geruch seiner Kleider roch, da segnete er ihn und sprach: Siehe, der Geruch meines Sohnes ist wie der Geruch eines Feldes, das der HERR gesegnet hat. So gebe dir Gott vom Tau des Himmels und vom Fett der Erde und von Korn und Most die Fülle! Völker sollen dir dienen und Völkerschaften sich vor dir niederbeugen! Sei Herr über deine Brüder, und vor dir sollen sich niederbeugen die Söhne deiner Mutter! Die dir fluchen, seien verflucht, und die dich segnen, seien gesegnet! (1. Mose 27,26-29)*

In diesem Vatersegen ist enthalten:
- Bestätigung der Männlichkeit,
- Bejahung der Männlichkeit,
- körperliche Nähe, Berührung,

- mit Worten ausgedrückte Wertschätzung,
- Ausdruck des Wohlgefallens,
- Ausmalen einer ganz speziellen Karriere/Zukunft,
- aktive Hingabe an die Erfüllung des Segens.

Der Vatersegen ist ein väterlicher Zuspruch für den Sohn im Namen und im Auftrag Gottes, des Vaters. Er kann mehr als einmal erteilt werden und kann erweitert und in unterschiedlicher Form wiederholt werden. Er hat in jedem Fall den Zweck, den Sohn in seinem Mannsein, in seinem Heranwachsen zum Mann zu stärken.

Unvorbereitet

Ohne ausgiebiges Üben und Lernen des Mannseins inklusive Empfangen des Vatersegens bekommen die Jungen zwar große Körper, doch durchlaufen sie nicht die entsprechenden psychischen und emotionalen Veränderungen, die zur Erlangung echter Reife notwendig sind. Dabei sollte selbstverständlich sein, dass jemand, der im Körper eines Mannes lebt, lernen muss, wie man damit umgeht. Das kann nur jemand lehren, der darin selbst Erfahrung hat. In anderen Kulturen wird dies oft sehr eifrig geübt, doch bei uns ist das ziemlich aus der Mode gekommen.

Wie wilde Tiere in Käfigen

Verwundete Jungen verstehen das Mannsein nicht oder nur unvollständig. Sie leben in ständiger Ungewissheit, ob sie ihre Rolle als Mann richtig wahrnehmen oder nicht. Oft gleichen sie wilden Tieren, die im Zoo aufgezogen wurden. Sie sind verwirrt und benommen, während in ihrem Innern gewaltige, nie angezapfte Energien brodeln. Sie haben das Gefühl, da müsste noch mehr sein, aber sie wissen nicht, wie diese Energien einzusetzen sind. Sie merken, dass etwas mit ihnen nicht stimmt, aber sie scheuen sich, darüber zu reden oder gar fremde Hilfe in Anspruch zu nehmen. Sie wissen,

sie müssen funktionieren. Die meisten würden nicht zugeben, verwundet zu sein.
Vatersehnsucht, Vaterhunger, Vaterwunde, Vaterloch oder Vatervakuum sind Bezeichnungen für ein und denselben seelischen Schaden. Die Begriffe drücken unterschiedliche Schwere der Verkrüppelung aus. Diese kann nur von dem einen geheilt werden, den der himmlische Vater dazu ausersehen hat: von Jesus, und durch ihn von Vater Gott selbst. Denn Jesus ist der einzige Weg zur göttlichen Vaterschaft.

Vaterwunde:
fehlende/unvollständige Lebenseinweisung

Die Vaterwunde entsteht, wenn Väter diese Lebenseinweisung an ihrem Sohn nicht oder nur unvollkommen vollziehen. Sei es durch Weggehen, sei es durch emotionale Abwesenheit, durch Gleichgültigkeit, durch Missbrauch, durch Unterlassung, Passivität, Schweigsamkeit und was es nicht sonst noch für Abstufungen väterlichen Versagens gibt.
„Habe ich, was ich zum Leben brauche, Papa?" – Das ist die unausgesprochene Frage aller Jungen. Wenn diese Frage nicht wieder und wieder vom Vater bejaht wird – denn der muss es ja wissen –, dann wird der Sohn in seinem Mannsein unsicher. „Nein, du bist doch ein Muttersöhnchen, ein Dickerchen, ein Stubenhocker", oder „Ach, das kannst du ja doch nicht", „Du bringst es nie zu etwas" bringt dem Sohn Wunden bei, egal, ob es ausgesprochen oder ob durch schlüssiges Handeln der Anschein erweckt wird. Diese und andere ausgesprochene oder nicht ausgesprochene Antworten auf die Frage aller Fragen verursachen jedes Mal einen Schmerz bei einem heranwachsenden Mann. Und das beeinflusst dann sein weiteres Leben. Tiefere Wunden schlagen jede Art von Missbrauch, sexuell, verbal, durch Gewalt etc., und Weggang durch Tod oder Scheidung.

Vaterwunden in unterschiedlicher Schwere

Manche Männer sind so kaputt, dass sie sich ohne fremde Hilfe nicht mehr erholen. Die aktiv zugefügten Vaterwunden (Gewalt, Missbrauch) kann man meist leicht erkennen, weil sie nach außen hin Spuren hinterlassen, die passiv zugefügten (kein Segen, keine Bestätigung) sind nicht so ohne weiteres zu erkennen, sie schwären im Untergrund der männlichen Seele. Dort entwickeln sie seelischen Krebs, der sich stetig auf alle Lebensbereiche ausdehnt. Und sie zerstören genauso.

Von Generation zu Generation

Viele Väter haben sich nie mit ihren eigenen Wunden auseinander gesetzt, deshalb sind viele von ihnen krank und bleiben krank, und so geht das von Generation zu Generation weiter. Wenn man keinen Segen vom Vater bekommt, entsteht ein Schaden, wenn der Vater wegläuft, wegbleibt, entsteht ein noch größerer Schaden. Scheidung, Trennung werden besonders schwer verkraftet, weil das Kind oft glaubt, es sei schuld daran. „Wenn ich mich nur besser verhalten hätte, dann wäre das nicht passiert und Papa wäre geblieben."

Vaterwunde: Auch Schweigen verletzt

Einige Väter verwunden schon durch Schweigen, durch Passivität. Auch hier bleibt die Frage der Fragen unbeantwortet. Und der Sohn kommt zu dem Ergebnis: „Wahrscheinlich habe ich nicht, was ich fürs Leben brauche, – sonst würde Vater es mir sagen."

Das sagt alles

Jede Vaterwunde trägt eine Botschaft, die klar und endgültig erscheint. „Ich bin allein, weil ich irgendwie nicht richtig bin. Deshalb kann mich auch niemand um meiner selbst willen lieben. Schon gar niemand, der stark und gut zugleich ist.“ Und unsere Reaktion darauf beeinflusst unsere Persönlichkeit. Niemand soll das merken. Ich mache das mit mir im stillen Kämmerlein aus. Nach außen muss ich lernen, mich zu verstellen, zu verbergen, kaschieren, überspielen, ablenken, aggressiv werden usw. Außerdem muss ich Liebe und Anerkennung suchen, wo immer ich sie finde. Das sind meine Überlebenswerkzeuge.

Wir schlüpfen in ein anderes Selbst

Zu diesem Zweck spalten wir uns auf. In eine äußerlich – für die Öffentlichkeit – funktionierende Person und eine, die sich intern mit dem Schmerz und der Angst auseinander setzt und gleichzeitig nach Linderung sucht. Wir müssen etwas aufrechterhalten, was wir eigentlich gar nicht sind. Dadurch nimmt der Kern unserer Persönlichkeit Schaden, unser Herz. Sehr viele Männer leben aus einem falschen Selbst heraus, das direkt mit der Vaterwunde zu tun hat.

Vaterwunde: Auswirkungen

Das ist fatal. Die Sache scheint ausweglos zu sein. Der Mann wird unruhig, unsicher, fühlt sich minderwertig gegenüber dem anderen Geschlecht, gegenüber Älteren. Vielleicht wird er zunächst ein unruhiger Teenager. Fliegt von der Schule. Nimmt Drogen, Alkohol. Verfällt in andere Süchte wie Homosexualität, Pornographie. Kommt mit der Polizei in Konflikt, endet nicht selten auf der schiefen Bahn. Der Schrei nach Hilfe bleibt. Auch als Christ ändert sich die grundlegende Schieflage nicht automatisch. Sie wird jetzt nur noch anders kaschiert. Vielleicht – so denken frisch bekehrte Männer – ist dies meine zweite Chance, mich besser in Szene zu setzen. Aber all die verkehrten Entschlüsse und Vorgaben bleiben. Jesus ist okay, der Heilige Geist auch, Gott auch, aber von Gott, dem Vater, lass ich besser die Finger. Mit ihm weiß ich nichts anzufangen.

Die Folgen der Wunde

Wie Glassplitter sitzen die Schmerzen im Zentrum des männlichen Herzens und die Wunde schwärt weiter. Du kannst dein Getriebensein nicht zugeben, du musst es geschickt kaschieren, so dass es z. B. wie Eifer rüberkommt. Mach einfach eine Tugend daraus. Das kostet Kraft und funktioniert doch nicht richtig. Du landest in einem falschen Selbst. So bleibt die Wunde tief und ungeheilt.

Frage zur Selbstprüfung an den Leser:

Kannst du von dir und deinem Vater sagen: Ich und mein Vater sind oder waren vollkommen eins? Wir sind oder waren Freunde? Ich habe mein Mannsein von ihm gelernt?

Heilung ist möglich

Die Heilung der Vaterwunde ist lebenswichtig für jeden Mann (und jede Frau). Für Männer bedeutet diese Heilung immens viel: Leben bewältigen und im Glauben wachsen, die Liebe des himmlischen Vaters ergreifen, zur Ruhe kommen, von Angst und Unsicherheit befreit werden, Leben in sinnvoller Qualität leben.

Wie entsteht die Vaterwunde?

Die frühe Vater-Kind-Beziehung ist entscheidend für die spätere Entwicklung und das Erwachsensein, das Ehe- und Familienverhalten von Mann und Frau. Gottes Anweisungen an Väter zeigen uns, was effektive Vaterschaft ausmacht.
Die Aspekte effektiver Vaterschaft finden wir in der gesamten Schrift. Hier ein Beispiel: „Ihr Väter, reizt eure Kinder nicht zum Zorn, sondern zieht sie auf in der Zucht und Ermahnung des Herrn“ (Epheser 6,4). Daraus ergibt sich die Notwendigkeit,

- dass der Vater da ist,
- dass er eine aktive Rolle spielt,
- dass er aktiv die Kinder mit aufzieht,
- dass die Attribute Zucht, Respekt, Liebe, Wärme vorhanden sind,
- dass der Vater ermahnt, Korrektur gibt,
- rücksichtsvoll und treu ist,
- sich zum Herrn hin orientiert,
- dass er lebenstüchtig macht,
- dass er loslässt, wenn die Kinder erwachsen sind.

Mit einem Wort: Der Vater wird aufgefordert, sich ganz für seine Kinder zu engagieren. Schon diese eine Bibelstelle gibt Aufschluss darüber, ob ein Vater der göttlichen Norm entspricht. Meist ist das nicht der Fall. Dann müssen wir wissen, dass auch unsere Väter letztlich Opfer ihrer Erziehung waren und wahrscheinlich mit ähnlichen Mängeln groß geworden sind wie wir.

Andere Bibelstellen ergänzen diesen Katalog. Wenn der himmlische Vater zu Jesus sagt: „Du bist mein geliebter Sohn, an dem ich Wohlgefallen habe", dann heißt das:

- Ich bin dein Vater,
- du bist mein Kind.
- Du bist mein Sohn,
- du bist ein Mann.
- Du bist gut gelungen,
- du bist stark, wie ein Sohn sein sollte,
- du bist ein richtiger Mann.
- Das ist deine Identität.
- Du bist für dein Leben fit.
- Du schaffst es.
- Ich bin immer für dich da
- und ich bin so froh über dich.

Untersuchungen haben ergeben, dass Jungen, die nicht in dieser Form immer wieder von ihrem Vater bestätigt wurden, unterschiedlichste Schwierigkeiten im Leben hatten, die sich in einer unterschiedlich starken Waisen-Mentalität äußerten. Anders ausgedrückt: Wird das biblische Vaterschafts-Modell nicht gelebt, entsteht eine Vaterwunde.

Engagement des Vaters

Was ist mit Engagement gemeint? Im Grunde bedeutet es Kommunikation. Ohne Kommunikation ist auch das Vermitteln von positiver Zurechtweisung, Ermutigung, Bejahung, Bestätigung und Wärme unmöglich. Kommunikation findet verbal und nonverbal statt. Anerkennung und Stolz, vor allem Zuneigung und Liebe haben starke nonverbale Komponenten: In-den-Arm-Nehmen, Berühren, Streicheln, Küssen, Körperkontakt jeder Art – ganz ohne erotische Komponenten – sind für Kinder und besonders Jungen unerlässlich.

Jüngere Umfragen ergaben, dass:

- 30 % der Männer keine Beziehung zum eigenen Vater haben,
- 30 % der Männer ein schwieriges Verhältnis zu ihrem leiblichen Vater haben,
- 30 % der Männer ein einfaches, unemotionales Verhältnis zu ihrem Vater haben und nur
- 10 % der Männer in unserem Kulturkreis mit ihrem Vater befreundet sind bzw. waren.

Vaterwunde: Es braucht nicht viel

Oftmals ist es ein einziger, aber wichtiger Augenblick, wo ein Vater seinen Sohn auf die richtige Art hätte bestätigen, ermutigen, aufbauen, segnen müssen und es nicht getan hat, und schon ist der Junge unsicher, ob er es im Leben schafft, ob er das Leben meistern kann. Es geht um die Frage der Fragen: Packe ich es? Habe ich alles, um das Leben zu meistern?

Habe ich genug Kraft? Wie muss ich mit meiner Männlichkeit umgehen, um das Leben zu meistern? Unnötig zu sagen, dass auch das Gottesbild durch diese Unsicherheit negativ beeinflusst wird.

Vaterwunde: Wie sie entsteht

Damit man diese Vaterwunde besser versteht, muss man wissen, wie sie entsteht. Männlichkeit wird verliehen, erlernt. Was und wer er ist, lernt ein Junge nur von einem Mann oder einer Gruppe von Männern. Ohne diese Vaterschaftselemente wird Männlichkeit nicht übertragen und nicht verstanden. Die männliche Seele nimmt Schaden und es bleibt ein lebenslanger Hunger, vor allem nach Bestätigung der Männlichkeit. Wenn man das verstanden hat, weiß man, dass die Bestätigung des Mannseins in Partnerwechseln, in der Pornographie, in Gruppen, in geschäftlichen Erfolgen, im Sport gesucht und nicht gefunden wird.

Natürlich ist unser leiblicher Vater nicht der einzige Faktor, der unsere Identität als Mann bestimmt. Auch die Mütter spielen dabei eine Rolle, wenn auch in diesem Fall eine sehr viel bescheidenere. Andere Familienmitglieder, Lehrer, Trainer, Freunde prägen uns ebenso bis zu einem gewissen Grade. Aber der Einfluss des Vaters auf unser Mannsein ist der wichtigste und gleichzeitig der am meisten vernachlässigte.

Was bewirkt die Vaterwunde?

Die moderne Forschung geht davon aus, dass nicht voll engagierte Väter jede Menge Erziehungsschwierigkeiten bei ihren Söhnen auslösen, Protest gegen jeden und alles, Beziehungsunfähigkeit, Zerstörungslust bis hin zur Jugendkriminalität.

Jungen ohne engagierten Vater sind in der Regel ängstlicher, ungefestigter, irritierbarer, ihr Gewissen ist weniger entwickelt.

Expertenberichte weisen nach, dass eine Erziehung ohne engagierten Vater viel öfter Leistungsverweigerer und Anpassungsunwillige hervorbringt. Verwahrlosung, Widerstand gegen Recht und Ordnung, Ablehnung von Autorität, Drogensucht sind oft die Folge.

Ferner:
- ständige Suche nach Vaterersatz,
- falsche Einschätzung der Männlichkeit,
- Pseudomännlichkeit,
- die Annahme, eigene Stärke demonstrieren zu müssen,
- schwierige Selbstfindung.

Noch ein wichtiger Gedanke
Die Verzweiflung über den eigenen nicht anwesenden, nicht engagierten Vater bringt Vorbehalte gegenüber älteren Männern hervor und nach der Bekehrung – wie schon angedeutet – auch Vorbehalte gegenüber dem himmlischen Vater. Diese können so ausgeprägt sein, dass die Annahme der göttlich-väterlichen Liebe unmöglich wird. Dann sind prozesshafte seelsorgerliche Umwege angesagt, die schließlich doch zum Ziel führen. Davon später mehr.
Ob es uns passt oder nicht: Männlichkeit wird durch Lernen und Abgucken von älteren Männern erlernt. In unseren Gemeinden sprechen wir in letzter Zeit deshalb von geistlichen Vätern. Und: Wenn wir mit unserem Vater/älteren Männern auf Kriegsfuß stehen, stehen wir mit der Männlichkeit auf Kriegsfuß. Daran lässt sich schon erkennen, dass wir Versöhnung mit diesem Personenkreis brauchen, um in unserem eigenen Mannsein durchzubrechen.

Vater bleibt wichtig
Deshalb ist es wichtig, dass wir uns irgendwann mit unserem leiblichen Vater aussprechen, soweit das möglich ist, und ihm vergeben. Wenn er nicht mehr lebt oder eine Ausspra-

che nicht möglich ist, so müssen wir doch vergeben und in Versöhnung hineinwachsen. Solange das nicht erfolgt, gründet Männlichkeit auf Treibsand, auf Mutmaßungen und Kindheitseindrücken. Selbst wenn er ein Ekel war – der biologische Vater ist wichtig und im ureigensten Interesse des Sohnes ist die Klärung des Verhältnisses zu ihm extrem wichtig.

Der leibliche Vater wirkt nach

Auch wenn er vielleicht schon tot ist. Wenn ein Mann einen harten und lieblosen Vater hatte, ist die Folge oft, dass ein junger Mann sich gegen jede Art von Autorität auflehnt. Oder er versucht, ältere Männer zu beeindrucken, weil er seinem eigenen Vater nie gefallen konnte. Dies sind Symptome einer lebensbeeinträchtigenden Vaterwunde. Manche Männer denken, sie könnten ohne ältere Männer auskommen. Sie kriegen es nicht hin, emotional auf Augenhöhe mit ihnen zu sprechen. Faktum ist: Solange er seinen Vater nicht lieben und die Wertschätzung älterer Männer nicht gewinnen kann, bleibt ein Mann in gewisser Weise ein kleiner Junge. Bei diesen herausfordernden Feststellungen wird klar, wie sehr die heilende Hilfe Gottes in Jesus Christus durch den Heiligen Geist nötig ist.

Die Gleichung ist immer dieselbe:

Väterliches Versagen führt bei kleinen Männern zur Vaterwunde. Diese bewirkt bei größeren Männern eine ständige Suche nach väterlicher Bestätigung. Weil aber andere Menschen, auch die eigene Ehefrau, diese Bestätigung nicht geben können, bleibt in einem solchen Mann ein riesiges Loch. Davon soll aber niemand etwas wissen, deshalb legt er sich ein falsches Selbst zu. Dieses falsche Selbst soll die Wunde und ihre Schmerzen kaschieren. Doch die Wunde bleibt, soweit sie nicht geheilt wird, und führt vom männlichen Versagen wieder zum Vater-Versagen. Damit schließt sich der Kreis.

Vater schlecht, Vater passiv, Vater grob, Vater aggressiv, Vater lieblos, Vater missbräuchlich, Vater weg, Vater tot. All diese Vater-Attribute sind Gift für die Entwicklung echter Männlichkeit.

Fazit

Alle Söhne, die sich zu richtigen Männern entwickeln wollen, müssen aufrichtig versuchen, sich über die Person ihres Vaters Klarheit zu verschaffen. Schon an dieser Stelle hakt es. Schulterzuckend wird die wenig erfreuliche Vater-Sohn-Beziehung beiseite geschoben und ihre Bedeutung völlig ignoriert. Wer aber nicht erkennt, wie wichtig diese Beziehung für das eigene Mannsein ist, der wird auch nicht verstehen, wie eine daraus herrührende seelische Krankheit zu heilen ist. Und dieses verhängnisvolle Verdrängen ist oft genug der Fall.

Verkehrte Welt

Noch etwas entwickelt sich aus der in unserem Kulturkreis verbreiteten Vaterlosigkeit. Was würden wir wohl zu einem Mädchen sagen, das nur unter Männern heranwächst? Aber genau das passiert Tausenden von Jungen: Sie wachsen unter lauter Frauen auf. Von der Geburt bis in die späten Teenagerjahre ist ein Kind fast ausschließlich von weiblichen Autoritäten umgeben, wobei ein gelegentlich auftauchender Mann im Allgemeinen einen bedeutungslosen Auftritt hat.

Mutter ist überall

Im Krankenhaus sind es Krankenschwestern, die für fast jeden Aspekt der Kinderpflege verantwortlich sind. Zu Hause ist gewöhnlich die Mutter die herausragende Autoritätsperson. Sehr viele Lehrkräfte in der Grundschule sind Frauen. Der erste Ordnungshüter, den ein Kind sieht, ist oft eine Politesse, die es auf dem Weg zur Schule über die Straße führt. Ein Kind geht in den Supermarkt, ins Warenhaus, in eine Reinigung, ins Schnellrestaurant, kommt zur Ferienbibelschule und zum Kinderdienst in der Gemeinde und begegnet lauter Frauen. Wer sagt ihm, was es anziehen soll, und schaut darauf, dass es sein Zimmer aufräumt? Wer gibt das Geld aus, zahlt die Rechnungen? Wer ist für alles verantwortlich? Da scheint es durchaus verständlich, dass ein Mann, der zeigen will, dass er ein richtiger Mann ist, alles tut, um wie Mutter zu sein.

„Unisex“ ist das Zauberwort: Also trägt der Mann von heute Schmuck an Hals und Händen, er bevorzugt langes Haar, er trägt Seidenblusen und demonstriert mit offener Hemdbrust, was er bei Mutter gelernt hat. Vielleicht ist er auch ein Macho, der mit seiner Familie ruppig umgeht und seine sexuelle Freiheit sucht. Wirkliches Mannsein wird ihm madig gemacht, weil das in das zeitgeistige Regelwerk nicht hineinpasst.

Das Ergebnis kennen wir:

Viele dieser kleinen Jungen wachsen zu größeren kleinen Jungen heran. Die „Männlichkeits-Software“ wird ihnen vorenthalten. Sie bleiben emotionale Kinder im Körper erwachsener Männer. Am Ende steht Verwirrung.

Trotzdem sind wir nicht vaterlos

Der himmlische Vater tritt heilend in eine völlig fehlerfreie Vaterschaft für jeden Mann und jede Frau ein, wenn er als echter, treusorgender Vater erkannt und ernsthaft um Hilfe gebeten wird. Gottes Name, sein Wesen ist „väterlich“. Er wartet darauf, als Vater seiner Kinder aktiv werden zu können. Er ist der absolut vollkommene Vater. Ohne jeden Anflug von Schwäche. Er kann seine Kinder nicht enttäuschen. Im Gegensatz zu menschlichen Vätern.

Selbsterlösung von der Vaterwunde/Falsches Selbst

Haupthindernis

Bevor wir Männer von der schmerzenden Vaterwunde geheilt werden können, müssen wir ein paar hohe Hindernisse erkennen und mit Gottes Hilfe überwinden. Diese Hindernisse halten sich in unserem männlichen Inneren auf und verschanzen sich nicht selten hinter Mauern, die wir auch noch selbst in unserem Herzen aufgerichtet haben.
Es sind vor allem die Folgeerscheinungen unserer Verzweiflungsschwüre: „Ich bin allein, da ist niemand, der mir helfen kann." Und all die anderen inneren Eide. Wer sich zur Einsamkeit entschlossen und lange darin gelebt hat, weist Verhaltensweisen auf, die beziehungshindernd sind. Wer ein Leben lang in emotionaler Unsicherheit verbracht hat, kann seine selbst gebauten Krücken nicht von heute auf morgen ablegen. Man sieht: Unterschiedliche, tief eingeprägte Fehleinschätzungen führen zu Fehlverhalten und sind schwer wieder loszuwerden. Aber es geht dennoch.

Und noch etwas ...

Geistlich gesehen spielt sich ein gnadenloser Kampf um das Herz des Mannes ab. Der verwirrte, suchende, eingekapselte Mann kann ohne die Antwort auf seine Hauptfrage – „Wer bin ich?" – nicht leben. Und der Widersacher lockt mit kleinen scheinbar attraktiven Schmerzlinderungen und bietet sie so laut an, dass die leise Stimme des Heiligen Geistes dabei eher überhört wird.

Männer suchen Antworten

Wer bin ich? Was macht meine Persönlichkeit aus? Wofür bin ich geschaffen? Was kann ich wirklich? Welchen Beitrag habe ich auf dieser Welt zu leisten? Habe ich alles, um mein

Leben zu meistern? Ich wiederhole diese Fragen mehrfach, um auch bei denen, die sich eingekapselt haben, Gehör zu bekommen.
Auch das ist nicht in einem Handstreich zu korrigieren: Wo immer Männer hoffen, Antworten auf ihre Fragen zu finden, suchen sie: bei der Mutter, bei der Ehefrau, bei anderen Frauen, bei Gleichaltrigen, durch intensive Betätigung der Sexualität, aber niemand und nichts in der Schöpfungsordnung ist ausersehen, diese Fragen zu beantworten, nur der Vater oder ein älterer Mann (geistlicher Vater, Mentor).
Bevor ein Mann nicht sicher ist, dass er es schafft, wird er immer versuchen, Zustimmung von irgendwoher zu kriegen. Manche Männer verbringen ihr ganzes Leben damit, sich Zustimmung zu besorgen und diese eine Frage beantwortet zu bekommen.

Fazit

Alles konzentriert sich auf die glaubhafte Beantwortung von Fragen. Oftmals kommt man zu den oben genannten Grundfragen über die Beantwortung so genannter Funktionsfragen: Bist du glücklich in deinem Mannsein? Frage dich: Kenne ich meine komplette Identität und lebe ich darin? Lebe ich authentisch? Lebe ich in einer funktionierenden Ehe? Lebe ich in einer funktionierenden Männer-Freundschaft? Was sind meine Werte? Wie läuft meine Sexualität ab? Wie komme ich mit meinem Geld zurecht? Wie stehe ich zu Leiterschaft? Wie läuft es im Beruf? Wie komme ich mit Schwierigkeiten zurecht?

Männer: Zweifel überwinden

Auch die Versuchung Jesu in der Wüste mit all den wilden Tieren, die ihn umgaben, wie Schlangen, Skorpione, Hyänen, Wölfe, ist in ihrem tiefsten Kern ein Test seiner Identität. „Wenn du der Sohn Gottes bist, wenn du wirklich der bist, der du glaubst zu sein“ … „dann beweise es mir“, lockte

Satan. Dabei hatte Vater Gott gerade vorher zu ihm gesagt: „Du bist mein vielgeliebter Sohn, an dem ich Wohlgefallen habe.“ Wenn ein Mann jemals herausfindet, wer er ist und wofür er da ist, dann hat er das Ticket für ein wirklich erfülltes Leben bekommen. Dann kommt sein Innerstes ins Gleichgewicht.

Männer verstecken sich

Weil wir uns hinter unseren eigenen Maßnahmen und Programmen zur Steigerung unserer Lebensqualität verstecken wie einst Adam hinter einem Busch, ruft Gott uns, wie er damals Adam rief: Wo bist du, Mann? Wir verstecken uns hinter unserer Persönlichkeit, mit der wir uns irgendwie arrangiert haben. Wir verstecken uns auf dem Sportplatz, hinter dem Lenkrad, hinter der Tageszeitung. Wir tragen eine Fassade, als Feigenblatt wie Adam.

Auch die Strahlemänner, Athleten und Erfolgreichen

Außen Mann, innen eine andere Geschichte. Denken wir nur an unsere Träume und gelegentlichen oder häufigen Gedanken. Da ist alles drin von Mord bis Gruppensex, je nachdem. Oder all unsere Wichtigtuereien. Niemand soll wissen, dass wir keine Ahnung haben. Ganz besonders auch im geistlichen Bereich. Ich kenne Top-Leiter in Werken und Gemeinden, die in ihrer Beziehungsfähigkeit gestört sind. Oder denken wir nur an die vielen „Smile“- und „Cheese“-Gesichter extra für den Sonntagmorgen. Niemand darf hinter die Fassade schauen.

Männer haben oft Angst

Angst vor Fehlern, Versagen, Kritik und Verantwortung. Aus diesem Grund verstecken sie sich vor Familie, Gott und Mitmenschen. Sie fliehen in Bereiche ihres Lebens, wo diese Ängste eine Zeit lang gelindert werden. Das kann vieles sein: Hobby, Sport, Reisen, aber auch Sucht, Traumwelten.

Das falsche Selbst
Aus unserer Wunde heraus konstruieren wir unser falsches Selbst. Wir finden ein paar Gaben, die für uns arbeiten, und wir versuchen davon zu leben. Wer z. B. gut denken kann, versucht ein zweiter Mr. Spock zu werden, unemotional, aber mit hohem IQ. Es gibt scheinbar so viele Möglichkeiten.

Der Grund ist immer derselbe
Die Angst, die Unsicherheit, die Zweifel: Wenn ich ich selbst bin, mag mich keiner. Also muss ich mir ein „Selbst" zulegen, mit dem ich ankomme, anerkannt werde. Es ist ein Verteidigungs-Mechanismus gegen Schmerzen. Es ist eine Überlebens-Strategie. Aber: Es ist Selbsterlösung.

Von der Wunde zum falschen Selbst
All das muss Gott wegnehmen. Und weil wir es oft nicht freiwillig loslassen, muss Gott uns in eine Position bringen, wo wir dazu bereit sind. Wie weiter oben schon erwähnt, passiert das oft am Beginn der Heilungsreise in Form einer Art „Wüstenzeit". Nach dem biblischen Motto: „… wer sein Leben retten will …"

Jesus durchkreuzt unsere Pläne
Er tut das auf verschiedene Art und Weise. Alles dient der Befreiung von der Vaterwunde. Unsere Heilung ist wie eine Reise, die an verschiedenen Bahnhöfen Station macht. Die erste Heilungs-Station ist da, wo unser falsches Selbst kaputtgeht. Wo unsere selbst gebastelte Fassade einstürzt. Wo man sich plötzlich nur noch auf Gott stützen kann. Ein solcher Bahnhof ist oft ein Wüstenbahnhof, der am Anfang einer Wüstenzeit steht. Und Wüstenzeiten sind oft der einzige Weg, um von unseren falschen, krückenmäßigen Lebens-Arrangements loszukommen.

Und Gott möchte helfen, kann aber nicht

Weil wir unsere eigene Erlösung aus dem Schmerz heraus schaffen wollen. Schwüre wie „Ich brauche niemand“ stehen im Wege. Die Botschaft: „Ich bin allein gelassen worden“ wirkt sich natürlich auch auf die Beziehung zu Gott aus, Motto: Der ist auch nicht besser als mein abwesender Vater. So lautet unsere bewusste oder unbewusste Überzeugung. Die Zusagen der Bibel können nur schwer geglaubt werden.

Persönliche Fragen 1

- Hast du als Mann einen persönlichen „Vatersegen“ erfahren?
- Hast du persönliche Bestätigung durch deinen Vater erfahren und bist du dir ihrer sicher?
- Wie hat dein Vater dir gezeigt und gesagt, dass er dich liebt?
- Wie hat dein Vater dir das Mannsein modelliert?
- Wie hat dein Vater dich auf dein Mannsein vorbereitet?
- Wie hat er dich auf die Rolle als Ehemann vorbereitet?
- Wie hat dein Vater dich darauf vorbereitet, selbst Vater zu sein?
- Wie hat er dich darauf vorbereitet, ein geistlicher Leiter zu sein?
- Wie hat er dich darauf vorbereitet, für andere Versorger und Beschützer zu sein?
- Wie hat dein leiblicher Vater dich darauf vorbereitet, dich dem himmlischen Vater zu nähern und ihm zu vertrauen?
- Welche Rolle können andere Männer dabei spielen, damit Gott deine Vaterwunde heilen kann?

Persönliche Fragen 2

- Wie hast du die Bestätigung als Mann von Gott, dem Vater, erfahren?
- Wie hast du seine Freude über dich erfahren?

- In welcher Weise gestattest du Gott, dem Vater, die Vaterwunde in deinem Leben zu heilen?

Väter und Söhne

Wenn Väter und Söhne viel Zeit miteinander verbringen, geht Männlichkeit in kleinen Portionen vom Älteren auf den Jüngeren über. Was für Fehler die Mutter auch immer macht, sie können durch das väterliche Engagement überwunden werden. Wie prägend Väter sein können, zeigen alle möglichen Untersuchungen. So hat man herausgefunden, dass etwas weniger als 4 % der Kinder regelmäßig in eine Gemeinde zum Gottesdienst gehen, wenn die Mutter das vorlebt, aber über 30 % der Kinder, wenn der Vater in eine Gemeinde geht.

Gesellschaftliche Ursachen dieser Entwicklung

Industrielle Revolution

Das Drama begann mit der industriellen Revolution. Die Väter verließen ihre Familien, um dahin zu gehen, wo es Arbeit gab und Geld für den Lebensunterhalt. Großfamilien und Familien an sich wurden auf diese Weise zerstört. Das alles begann schon im auslaufenden neunzehnten Jahrhundert.

Krieg

Es folgten zwei Weltkriege mit vielen Toten auf den Schlachtfeldern und in den Gefangenenlagern. Im Zweiten Weltkrieg waren es allein 5,4 Millionen Männer, Brüder, Söhne, Freunde, aber vor allem Väter, die ihre gottgewollte Rolle in der Gesellschaft nicht ausführen konnten.

Wiederaufbau und Geldbeschaffen

Dann kam die Zeit des Wiederaufbaus. Des Wirtschaftswunders. Die Werte verschoben sich. Es war attraktiver, sich für den Wohlstand zu engagieren als für die Kinder. Die Werte verschoben sich weiter. Frauenemanzipation, 68er, Marsch durch die Institutionen. Individualismus, Egoismus, Hedonismus. Am Ende steht die Lebensabschnitts-Partnerschaft zwischen Mann und Frau. Zum Schaden für Söhne und Töchter.

Abschaffung des Patriarchats

Schließlich die Auflösung der traditionellen christlichen Kultur, die darin gipfelte, dass Vaterlosigkeit als wünschenswert, allenfalls aber als weitere alternative Lebensform verkündet wurde. Das führte zur Auflösung der Familie und zur Neudefinierung der Geschlechterrollen.

GÖTTLICHER MUTMACHER

Wer die Wunde bei sich erkennt und sich hilfesuchend Gott zuwendet, hat praktisch schon den ersten Schritt zur Heilung getan.

HEILUNG

Vaterwunde: Heilung ist möglich

Die gute Nachricht: Gott gibt verletzten Männern ihr gesundes männliches Herz und ihre seelische Gesundheit wieder. Männer können von ihrer Vaterwunde geheilt werden, und wenn diese noch so groß und tief ist und auch, wenn sie sie fast schon ein Leben lang gequält hat. Männer können zu vollständigen Persönlichkeiten werden und ihr Potenzial voll entfalten. Dafür ist Jesus auch ans Kreuz gegangen.
Aber: Wer ein heiles Herz haben will, wer will, dass die Wunde heilt, wer seine Stärke zurückhaben will, wer seinen wahren Namen kennen will – der muss dafür bereit sein. Bereit sein heißt, die Verletzung, die Wunde zu erkennen und einzugestehen und Heilung zu wollen. Heilung auch von den eigenen wirkungslosen Versuchen. Gott dafür völlig zu vertrauen und seinen Heilungsweg zu akzeptieren.

Die Bibel zeigt den Weg

Das überzeugende Liebesangebot des himmlischen Vaters für jeden seiner Söhne und damit für die ganze Menschheit finden wir an vielen Stellen in der Heiligen Schrift. Mir hat ganz besonders das Gleichnis vom verlorenen Sohn geholfen:

> *Als er aber in sich ging, sprach er: Wie viele Tagelöhner meines Vaters haben Überfluss an Brot, ich aber komme hier um vor Hunger. Ich will mich aufmachen und zu meinem Vater gehen und will zu ihm sagen: Vater, ich habe gesündigt gegen den Himmel und vor dir, ich bin nicht mehr würdig, dein Sohn zu heißen! Mach mich wie einen deiner Tagelöhner! Und er machte sich auf und ging zu seinem Vater. Als er aber noch fern war, sah ihn sein Vater und wurde innerlich bewegt und lief*

hin und fiel ihm um seinen Hals und küsste ihn. Der Sohn aber sprach zu ihm: Vater, ich habe gesündigt gegen den Himmel und vor dir, ich bin nicht mehr würdig, dein Sohn zu heißen. Der Vater aber sprach zu seinen Sklaven: Bringt schnell das beste Gewand heraus und zieht es ihm an und tut einen Ring an seine Hand und Sandalen an seine Füße; und bringt das gemästete Kalb her und schlachtet es, und lasst uns essen und fröhlich sein! Denn dieser mein Sohn war tot und ist wieder lebendig geworden, war verloren und ist gefunden worden. Und sie fingen an, fröhlich zu sein. (Lukas 15,17-24)

Mit Jesus zum Vater gehen

Wir Männer laufen in selbst gewählter Blindheit vor dem Vater im Himmel davon, um unser eigenes Glück ohne ihn zu finden. Das geschieht in unglaublich vielfältiger Weise. Irgendwann erkennen wir, dass das Leben so keinen Sinn macht, und wir entscheiden uns, die lange Heimreise zum Vater anzutreten. Dabei werden wir immer wieder aufgehalten, wenn wir nicht darauf bestehen, dass wir zu ihm zurückfinden. Nur diese Entschlossenheit bringt uns ans Ziel. Sie wurzelt in der Erkenntnis Jesu Christi, der der einzige Weg zum Vater ist.

Wenn wir endlich bei ihm sind und seine unwiderrufliche Liebe uns umfängt, gilt es ein weiteres Hindernis zu überwinden: Wir wollen Tagelöhner bei unserem Vater sein, weil wir glauben, nach allem wäre das unsere Bestimmung. Ein Tagelöhner kann zwar nach Dienstschluss machen, was er will. Aber das ist nicht unsere Bestimmung. Wir sind zur Sohnschaft berufen. Also gilt es, den Tagelöhner-Geist zu überwinden, was mindestens genauso schwer ist wie zum Vater nach Hause zu kommen.

An der Freude des Vaters nicht irre werden

Schließlich kann es sein, dass wir den Vater in seiner Freude und in seiner Feierlaune nicht verstehen. Wir haben Schweres durchgemacht und uns ist nicht zum Feiern zumute. Das ist aber die Haltung und Persönlichkeit des himmlischen Vaters: Jesus ist es so wichtig, uns diese Qualität Gottes, des Vaters, nahe zu bringen, dass er gleich in drei Gleichnissen in Lukas 15 das Feiern und Fröhlichsein betont.

> *Sein älterer Sohn aber war auf dem Feld; und als er kam und sich dem Haus näherte, hörte er Musik und Reigen. Und er rief einen der Diener herbei und erkundigte sich, was das sei. Der aber sprach zu ihm: Dein Bruder ist gekommen, und dein Vater hat das gemästete Kalb geschlachtet, weil er ihn gesund wiedererhalten hat. Er aber wurde zornig und wollte nicht hineingehen. Sein Vater aber ging hinaus und redete ihm zu. Er aber antwortete und sprach zu dem Vater: Siehe, so viele Jahre diene ich dir, und niemals habe ich ein Gebot von dir übertreten; und mir hast du niemals ein Böckchen gegeben, dass ich mit meinen Freunden fröhlich gewesen wäre; da aber dieser dein Sohn gekommen ist, der deine Habe mit Huren durchgebracht hat, hast du ihm das gemästete Kalb geschlachtet. Er aber sprach zu ihm: Kind, du bist allezeit bei mir, und alles, was mein ist, ist dein. Aber man musste doch jetzt fröhlich sein und sich freuen; denn dieser dein Bruder war tot und ist wieder lebendig geworden und verloren und ist gefunden worden. (Lukas 15,25-32)*

Beim Vater – und doch nicht automatisch heil

Eine weitere Schwierigkeit besteht darin, diejenigen in diesen Heilungsprozess mit einzuladen, die zwar mit Gott gehen, die nicht weggelaufen sind, die aber in ihrer Verletztheit verharren. Solche Leute schätzen ihre Lebensqualität negativ ein, weil sie immer von Dingen abhängig sind, die von außen kommen – das Böcklein im Gleichnis ist ein Bild dafür. Sie haben nicht die Freude, den Glauben und die Liebe, für sich vom Vater das zu erbitten, was ihr Leben froh macht. Schuld daran ist ebenfalls eine falsche Herzenshaltung. Beide Söhne in diesem Gleichnis brauchen Heilung, beide haben die Möglichkeiten des Vaters nicht erkannt und deshalb auch nicht in Anspruch genommen. Diese Bibelstelle war für mich eine Art „Heilungskorridor“ und ist es immer noch, weil ich immer Neues, Heilsames darin entdecke. Aber auch eine Anzahl von AT-Beispielen ist hilfreich:

Das Beispiel Jakob am Jabbok

Jakob hatte offenbar eine Vaterwunde. Sein Vater liebte seinen Bruder Esau mehr als ihn, er selbst war der Liebling seiner Mutter Rebekka. Auf ihr Geheiß hin holte er sich in betrügerischer Weise den Segen des Vaters. Aber die konstante Zuwendung und Bestätigung durch seinen Vater bekam er als Sohn Jakob offensichtlich nicht. Mit betrügerischen Handlungen schlug er sich bei seinem Onkel Laban durch, wo er auch seine zwei Frauen fand und seine Nebenfrauen. Er war beruflich – wiederum durch betrügerische Manipulationen – erfolgreich, aber er lebte in Angst und Unsicherheit. Er wusste nicht, ob und wie sein Bruder Esau ihm seine Betrügereien heimzahlen würde.

Heilung: Auseinandersetzung mit Gott, dem Vater

In einer einsamen, gefahrvollen Nacht ganz allein in der Wüste am Bach Jabbok begegnete er Gott und hatte eine kämpferische Auseinandersetzung mit ihm. Durch diese Begegnung wurde Jakob in seiner Persönlichkeit heil, also auch von seiner Vaterwunde geheilt. Er bekam von Gott einen neuen Namen – Israel, der Gotteskämpfer – und eine im Blick auf seine Männlichkeit geheilte Persönlichkeit. Dass er aufgrund einer Hüftverletzung äußerlich schwächelte, war dem

nicht abträglich. Diese äußere Einschränkung erinnerte ihn vielmehr daran, dass er nicht mehr vor Gott davonlaufen konnte und wollte.
Er selbst fügte den meisten seiner Söhne wiederum Wunden zu, die er im hohen Alter wiedergutmachen wollte. Sein Lieblingssohn Josef, der nach meiner Einschätzung zu den wenigen Männern der Bibel gehört, die keine oder höchstens eine minimale Vaterwunde hatten, brachte es nicht nur beruflich sehr weit, sondern er hatte einen ausgeprägt guten und stabilen männlichen Charakter. Er konnte sein ganzes Potenzial als Mann zum Segen für viele einsetzen. Er ist nicht nur ein Bild für Jesus, sondern auch ein Bild für einen gesunden Mann. Die Prüfungen auf seinem Weg zum Mannsein bestand er mit Bravour.

Der nächste Schritt
Nach der Erkenntnis, dass ein Mann in seiner Männlichkeit nicht heil und ganz ist, weil sein Vater ihn nicht dem göttlichen Willen entsprechend ins Mannsein eingeführt hat, ist der nächste Schritt, dem Vater zu vergeben. Denn dieser war ebenfalls ein Opfer seiner Umwelt und Erziehung. Es ist auch gut, den Großvätern für ihre Unterlassungen ebenfalls zu vergeben. Ja, es ist gut, in den Heilungs- und Wiederherstell-Prozess die ganze Familie mit einzubeziehen.

Vergebung geben – Vergebung nehmen
Das ist oft nicht leicht. Ich denke an einen jungen Mann, dessen Vater sofort nach seiner Geburt weggegangen war, dessen Mutter wenig später umgebracht wurde und der in Heimen aufgewachsen ist, wo er mehrfach sexuell missbraucht wurde. Vergeben konnte er zwar verbal, aber sein Inneres machte nicht mit. Er brauchte intensive Hilfe und Begleitung bei der fortschreitenden Erkenntnis, dass Gott dem reuigen Sünder auch die schlimmsten Vergehen vergibt. Dem Vater sein Versagen vergeben ist oft sehr schwer und fast immer

ein Prozess. Aber das ist nur die eine Seite. Die andere Seite ist genauso wichtig. Sie beinhaltet die Erkenntnis der eigenen Sündhaftigkeit und die Notwendigkeit, die eigenen Sünden zu bekennen. Vor allem die diversen Selbsterlösungsversuche. Hindernisse: Vergebung gewähren, Vergebung empfangen und sich selbst annehmen.

Weitere Schritte

Wir müssen uns darüber klar werden, dass wir Männer bei der Heilung der Vaterwunde von einer Form der Unterdrückung befreit werden müssen. Das beinhaltet Befreiung von all den falschen Bildern und Erwartungen, denen wir uns selbst unterworfen haben, die uns die Gesellschaft aufgezwungen hat und die wir in unser Inneres verankert haben. Wir müssen uns weigern, Erfolg, Konkurrenzkampf, falsche Härte und Stärke als Teil unserer gottgegebenen Männlichkeit zu akzeptieren.

Ganzheitliche Befreiung

Schon als kleine Jungen haben wir dieses „Gehabe" antrainiert. Wie oft wollten wir überlegen sein und haben dazu einarmige Handstände, Freihändigfahren und aberwitzige Clownereien eingeübt, um ganz vorne, ganz oben zu sein oder mindestens doch anerkannt zu werden. Unser Wertesystem muss von all den albernen Belohnungs-Modellen befreit werden, die uns vorgelebt wurden. Frei von falschen Werten und falschen Kriterien der Männlichkeit.
Das alles braucht Zeit. Zeit für Gebete, Zeit für das Reden und Helfen und Heilen des Heiligen Geistes. Zeit für Erkenntnis, Zeit für Pausen, Zeit für Ruhe und Zeit für Lachen. Auch Lachen über uns selbst. Und ein uneingeschränktes „Ja" zu uns selbst – mitsamt unseren Schwächen, mit unserer Normalität und mit unserer Mittelmäßigkeit.

Heilung plus neuer Lebensstil

Männer, die von ihrem Vater nicht in ihrer Männlichkeit bestätigt wurden, können sich selbst nicht annehmen. Wir sprechen auch von geringem Selbstwert. Diese innere Blockade bewirkt, dass wir unreif bleiben. Es hat mit krankhaften Verhaltensmustern zu tun gegenüber Gott, anderen Menschen und uns selbst. Verhaltensmuster, die in einer liebesarmen Welt entstehen. Sie können tief in unsere Seele eingebrannt sein. Solche Hindernisse verschwinden bei vielen nicht auf der Stelle, nachdem sie erst einmal vom Herrn geheilt worden sind. Jetzt müssen sie Verantwortung übernehmen, diese Verhaltensmuster zu ändern. Ein lebenslanger Prozess.

Negative Worte, Selbsthass, Bitterkeit und die Weigerung zu vergeben: All dem müssen wir bewusst widerstehen. Wir müssen es bewusst durch Worte Jesu ersetzen.

Heilung des Willens

Hier bekommt die Heilung des Willens besondere Bedeutung. Wer nicht fähig war, sich selbst anzunehmen, muss mit einem längeren Prozess rechnen.

Priesterliche Hilfe gefragt

Grundsätzlich können wir das alles aus unserer Beziehung zu Gott Vater und zu Jesus entwickeln. Aber häufig sind wir so sehr in unserem Mannsein verletzt, so unsicher, so ängstlich, dass wir den Glauben an die göttlichen Möglichkeiten einfach allein nicht ergreifen können. Wir brauchen fremde Hilfe.

Seelsorger im klassischen Sinne, die nach einer bestimmten Programmatik vorgehen, sind nicht immer ideale Partner. Der Priesterdienst besteht hauptsächlich darin, den heilenden Christus in die Gegenwart und die Vergangenheit hineinzubringen. Und zwar so, dass er als Heiler erkannt und der geistliche Weg verstanden wird. Priesterliche Hilfe und Vermittlung bedeutet, partnerschaftlich an die Seite des verletzten

Mannes zu treten und ihn in den hier aufgezeigten Schritten zu begleiten und anzuleiten.
Die einzelnen oben beschriebenen Heilungsschritte lösen übernatürliche Heilungsergebnisse aus. Die heilende Gegenwart Gottes für diese Resultate freizusetzen ist priesterlicher Dienst. Oder: Vergebung Gottes muss so verkündet werden, dass sie auch in das Unbewusste hineinkommt. David verstand das, wie wir in Psalm 32,5 lesen können. So ist der Partnerschaft mit einem männlichen Mentor oder geistlichen Vater oftmals der Vorrang zu geben. Partnerschaft bedeutet offenen Austausch in geistlicher Dimension über längere Zeit. Auch Männergruppen, die solche Partnerschaften ermöglichen, können extrem hilfreich sein.

Mit dem dreieinigen Gott beten

Es ist und bleibt das Werk des Heiligen Geistes, der uns in die Gegenwart Jesu und des himmlischen Vaters führt.
Unser priesterlicher Dienst besteht weiter darin, Jesus zu bitten, seine eigene männliche Stärke zur Verfügung zu stellen und in das Herz des Mannes fließen zu lassen und den Vater im Himmel zu bitten, seine bestätigende Vaterrolle zu übernehmen. Nach meiner Erfahrung ist dieser trinitarische Ansatz sehr wichtig: Gott in seiner Komplettheit der drei Personen ist daran interessiert, dass ein Mann heil wird.

Manche Wunden sind sehr tief

Es sei noch einmal daran erinnert, dass manche Vaterwunde sehr tief liegt, sehr verdeckt ist von vorgeschobenen Entwicklungen, Ereignissen, Verletzungen anderer Art und allerlei Selbsterlösungs-Mechanismen. Aber wie tief und eingekapselt die Wunde auch sein mag, Gott kann sie finden und heilen. Wie gesagt, oft ist die Hilfe eines anderen Menschen/Mannes angesagt, der genügend Verständnis für die männliche Situation mitbringt.

Männer leiden unter der Wunde und ihren Folgen

Männer leiden unsäglich unter ihrer Wunde und der damit verbundenen Leere. Das ist eine dauernde Quelle von Scham, Schuld und Minderwertigkeit. Aber nicht jede Wunde ist gleich tief. Deshalb ist es wichtig, den Heilungsprozess nicht nach einem bestimmten Schema menschlich festzulegen, sondern Gottes Wege zu suchen und zu akzeptieren. Von allem Anfang an war das menschliche Leben als ein Leben in der Abhängigkeit von Gott geplant. „Ich bin der Weinstock, ihr seid die Reben", sagt Jesus. „Ohne mich könnt ihr nichts tun" (Johannes 15,5). Wir sind zur Einheit mit Christus und mit dem Vater gemacht worden, und ohne diese Einheit geht überhaupt nichts. Auch nicht bei der Heilung der Vaterwunde.

Viele bleiben gebunden

Unsere Kultur, auch die Kultur in vielen unserer Gemeinden, und unsere Sünde halten uns gebunden und verhindern die Heilung der Wunde. Wir glauben, dass es mit Schwäche oder Handikap zu tun hat, wenn wir jemanden für irgendetwas brauchen. Aber das ist nicht wahr. Wir denken, dass es unmännlich, uncool ist, wenn wir um Hilfe bitten. Deshalb fragen Männer so selten nach dem Weg. Lieber verfahren sie sich x-mal.

Viele Männer haben das Christsein falsch verstanden. Sie sehen es als eine Art zweite Chance, als späte Aufwertung ihres bisherigen falschen Weges. Jetzt, wo ihnen vergeben wurde – so glauben sie –, können sie weitermachen wie bisher, nur eben jetzt mit der Billigung Gottes. Das ist dann so, als würden sie mit der Vaterwunde und den daraus resultierenden Verbiegungen weiterlaufen wie ein Marathonläufer mit einem gebrochenen Bein. Sie bleiben in ihrer selbst gewählten Verkapselung stecken. Dabei vergessen sie, dass Männlichkeit vom Vater zum Sohn weitergeleitet wird. Und echte Stärke kommt nur aus der Abhängigkeit von Gott, dem Vater. David sagt das in den Psalmen: 18,1-3, 22,20-22, 59,10.

Wir ignorieren die Wunde

Das falsche Selbst drückt sich in unserem Lebensstil aus, hat mit unserem Lebensstil zu tun. Es fungiert wie ein eingeübter Verteidigungsmechanismus, damit man nicht an die Wunde herankommt. Niemand. Wir selbst auch nicht. Wir tun so, als wäre alles in Ordnung. Hier ist der priesterliche Helfer gerufen, genau auf den Ratgeber im Himmel zu achten.

Gott ist in der Wüste

Ich glaube, Gott begegnet uns in der Wüste, weil wir dort wir selbst sein können. Wir müssen unsere Sinne schärfen, weil es da ums Überleben geht. In der Wüste kann man sich nicht mehr verstellen.

Gott gibt uns „geistliche" Wüsten, in denen wir uns bewähren können. Wo unser wahres „Ich" durchkommt. Im übertragenen Sinn bedeutet das: Wir brauchen oft Wüstenzeiten, um mit Jesus an unser wahres „Ich" heranzukommen. Wüstenzeiten gehören sehr oft mit zur göttlichen Therapie.

Wüsten sind kein Vergnügungsplatz

Oft sind diese Wüstenzeiten so hart, dass wir denken, wir überleben nicht, aber genau das sollen wir dort lernen. Gott arrangiert unsere Heilung. Dabei benutzt er die außergewöhnliche Hilfe von Wüsten. An solchen Orten können wir nur noch auf Gott vertrauen. Das lernen wir. Darauf kommt es Gott an. Überleben mit Gott, der uns Heilung bringt. Hier werden wir zum Mann. Gut, wenn man in solchen Zeiten einen (menschlichen, geistlichen) Freund hat, der einen ermutigt und begleitet.

Wild, wild, wild: Männer der Bibel

Das passierte mit Jakob, von dem wir schon mehrfach sprachen, der seinen Ringkampf mit Gott nicht im Wohnzimmer seiner Ranch in Haran hatte, da, wo er sein Leben und seine Familie unter Kontrolle hatte, sondern irgendwo östlich vom

Jabbok in Mesopotamien in irgendeinem ausgetrockneten Fluss-Wadi. Voller Gestein und Geröll. Dazu noch in dunkelster Nacht. Ohne Familie, ohne Geld, ohne Macht – er ganz allein. In großer Angst vor seinem Bruder Esau.

Todesangst

Jakob in Todesangst. Alles Falsche fiel dort von ihm ab. Gott befreite ihn von seinem falschen „Selbst". Dann ringt er mit Gott, der zertrümmert seine Hüfte, jetzt kann er nicht mehr weglaufen. Nicht einmal mehr vor Gott. Aber er ist er selbst. Er ist ein Gotteskämpfer, er ist glücklich und echt nach diesem Touch, diesem Schlagabtausch mit dem Ewigen (nach 1. Mose 32,25). Denn jetzt ist er ein richtiger Mann.

Männer: Grenzerfahrungen machen

Und wo bekam der vom Burn-out überwältigte Elia seine Kraft zurück? In der Wüste. Tagereisen von jeder menschlichen Behausung entfernt. Als er seine Seele sprechen ließ: „Ich will sterben" (nach 1. Könige 19). „Das geht über meine Kräfte. Ich habe keine Lust alleine weiterzukämpfen." Verzweiflung, Angst, Härte, schließlich Echtheit. Wenn er etwas mit uns Männern anfangen will, muss Gott uns von allem Falschen befreien. Elia litt offensichtlich unter Menschenfurcht. Gott begegnete ihm in der Wüste und Elia, der schon vorher gewaltige Wunder gesehen hatte, wurde jetzt zum Mann, zum geistlichen Vater für Elisa.

Wüste fördert Echtheit

Genauso wie Johannes der Täufer, dessen Kraft sich in der Wüste entfaltete, nicht auf den Plätzen und Straßen von Jerusalem. Er war der Extremste von allen. Er lebte in der Wüste. Er war dort nicht nur zu Besuch. Sein Rhythmus war die Wüste. Heuschrecken statt Austern und Candlelight-Dinner. Kamelhaar statt Fishbone-Hosen und Designer-Hemden. Jesus bezeichnet ihn als Top-Mann: kein zweiter wie er im AT.

Und schließlich auch sein Cousin Jesus. Die beiden letztgenannten wurden sogar vom Heiligen Geist eigenhändig in die Wüste geführt. Zu sich selbst.

Heilungskorridore schlagen

Wie schon weiter oben angedeutet, hat es mir sehr geholfen, so genannte „Heilungskorridore" zu schlagen. Darunter verstehe ich biblisch-geistliche Wegführungen, die der Heilige Geist aufzeigt. Den Korridor über Lukas 15 habe ich schon erwähnt.

Heilungskorridore enthalten immer zwei wichtige Komponenten: einmal das schrittweise Ergreifen des biblischen Gottesbildes und zum zweiten das Verstehen von biblischer Männlichkeit. Beide Komponenten müssen je nach Schwere der Verletzung immer wiederholt werden. Das kann – wie bei mir – mehrere Jahre dauern.

Im Einzelnen bedeutet das, zunächst die zärtliche, unwiderrufliche Vaterliebe Gottes zu verstehen. Das Verstehen ist immer der Anfang. Darauf gründet sich der Glaube daran und schließlich kommt die Erfahrung. Wichtig ist vor allem die Erkenntnis, dass durch Bekehrung und Wiedergeburt die Liebe des Vaters bereits in uns ist. Dass durch Jesu Innewohnung auch die Vaterliebe für uns zugänglich ist. Schwerstverletzte Männer brauchen Zeit, um diese Zusammenhänge ihrer Seele klar zu machen.

Die zweite Komponente, das biblische Mannsein, ist gleichfalls über den Dienst des Heiligen Geistes aus der Schrift ablesbar. Vor allem in der Person Jesu, aber auch in anderen Personen.

Beispiele für weitere Heilungskorridore:

> *Daher, wenn jemand in Christus ist, so ist er eine neue Schöpfung; das Alte ist vergangen, siehe, Neues ist geworden. Alles aber von Gott, der uns mit sich selbst*

versöhnt hat durch Christus und uns den Dienst der Versöhnung gegeben hat, nämlich dass Gott in Christus war und die Welt mit sich selbst versöhnte, ihnen ihre Übertretungen nicht zurechnete und in uns das Wort von der Versöhnung gelegt hat. So sind wir nun Gesandte an Christi Statt, indem Gott gleichsam durch uns ermahnt; wir bitten für Christus: Lasst euch versöhnen mit Gott! Den, der Sünde nicht kannte, hat er für uns zur Sünde gemacht, damit wir Gottes Gerechtigkeit würden in ihm. (1. Korinther 5,17-21)

Also gibt es jetzt keine Verdammnis für die, die in Christus Jesus sind. Denn das Gesetz des Geistes des Lebens in Christus Jesus hat dich freigemacht von dem Gesetz der Sünde und des Todes. Denn das dem Gesetz Unmögliche, weil es durch das Fleisch kraftlos war, tat Gott, indem er seinen eigenen Sohn in Gleichgestalt des Fleisches der Sünde und für die Sünde sandte und die Sünde im Fleisch verurteilte, damit die Rechtsforderung des Gesetzes erfüllt wird in uns, die wir nicht nach dem Fleisch, sondern nach dem Geist wandeln. (Römer 8,1-4)

Und euch, die ihr einst entfremdet und Feinde wart nach der Gesinnung in den bösen Werken, hat er aber nun versöhnt in dem Leib seines Fleisches durch den Tod, um euch heilig und tadellos und unsträflich vor sich hinzustellen sofern ihr im Glauben gegründet und fest bleibt und euch nicht abbringen lasst von der Hoffnung des Evangeliums, das ihr gehört habt, das in der ganzen Schöpfung unter dem Himmel gepredigt worden ist, dessen Diener ich, Paulus, geworden bin. Jetzt freue ich mich in den Leiden für euch und ergänze in meinem Fleisch, was noch aussteht von den Bedrängnissen des Christus für seinen Leib, das ist die Gemeinde. Ihr Die-

ner bin ich geworden nach der Verwaltung Gottes, die mir im Blick auf euch gegeben ist, um das Wort Gottes zu vollenden, das Geheimnis, das von den Weltzeiten und von den Geschlechtern her verborgen war, jetzt aber seinen Heiligen geoffenbart worden ist. Ihnen wollte Gott zu erkennen geben, was der Reichtum der Herrlichkeit dieses Geheimnisses unter den Nationen sei, und das ist: Christus in euch, die Hoffnung der Herrlichkeit. (Kolosser 1,21-27)

Jesus spricht zu ihm: Ich bin der Weg und die Wahrheit und das Leben. Niemand kommt zum Vater als nur durch mich. Wenn ihr mich erkannt habt, werdet ihr auch meinen Vater erkennen; und von jetzt an erkennt ihr ihn und habt ihn gesehen. Philippus spricht zu ihm: Herr, zeige uns den Vater, und es genügt uns. Jesus spricht zu ihm: So lange Zeit bin ich bei euch, und du hast mich nicht erkannt, Philippus? Wer mich gesehen hat, hat den Vater gesehen. Und wie sagst du: Zeige uns den Vater? Glaubst du nicht, dass ich in dem Vater bin und der Vater in mir ist? Die Worte, die ich zu euch rede, rede ich nicht von mir selbst; der Vater aber, der in mir bleibt, tut seine Werke. Glaubt mir, dass ich in dem Vater bin und der Vater in mir ist; wenn aber nicht, so glaubt um der Werke selbst willen! (Johannes 14,6-11)

Heilungskorridore kann man ganz beten, man kann einzelne Verse herausgreifen, sich immer wieder mit diesen Bibelstellen beschäftigen, sie auswendig lernen. Und irgendwann fangen sie an zu wirken, denn das Wort Gottes kommt nie leer zurück, wenn man sich intensiv damit beschäftigt.
Und ich erinnere noch einmal an die in früheren Kapiteln aufgezeigten Hilfen: Partnerschaft mit Männern. Freundschaft mit Männern. Geistliche Vaterschaft. Ich weiß, dass zurzeit solche Partnerschaften noch die Ausnahme bilden.

Aber Gott bereitet Leiter vor, Väter, Gemeinden. Wichtig: In der Vergebung zu älteren Männern leben. Sie – die Älteren – als Partner in Sachen Männlichkeit akzeptieren.

GÖTTLICHER MUTMACHER

Du bist ein Sohn Gottes. Das ist deine Identität. In dieser Identität steckt deine Heilung von der Vaterwunde und all ihren Auswirkungen.

Mannsein und Gemeinde

Einerseits ist die Gemeinde Jesu von unserer Thematik betroffen, weil da so viele Männer mit Wunden rumlaufen, die deshalb ihr volles Potenzial oft nicht abrufen können. Das fängt nicht selten in der Leiterschaft an. Verwundete und sich verstellende bzw. nicht authentisch lebende Männer hindern unsere Gemeinden, den „Höhenweg" von Wachstum und geistlicher Autorität zu erreichen. Andererseits ist die Gemeinde der Hort der Heilung – auch für Männer. Aber dafür bedarf es bestimmter Einrichtungen, die eine solche Heilung von Wunden, vor allem von Vaterwunden, möglich machen. Das Fehlen dieser Einrichtungen hat die Früchte z. B. der *Promise Keeper*-Bewegung nicht aufgehen lassen.

Ein schwieriges Verhältnis

Männer treffen aber längst nicht immer Verhältnisse in unseren Gemeinden an, in denen sie sich wohlfühlen und ihr Potenzial entfalten können. Auch sind Heilungsangebote, Begleitung, Partnerschaft, geistliche Vaterschaft und bewusst geförderte Männerfreundschaften noch eher die Ausnahme. Oft bleiben Männer passiv, weil ihnen die Gemeinden das Mannsein nicht wirklich schmackhaft machen. Männer merken zudem, dass man für ihre Vater-Verletztheit keinen sicheren Raum anbietet und dass offensichtlich die leitenden Männer mit ähnlichen Problemen fertig werden müssen wie sie selbst.

Daraus entsteht eine verhängnisvolle Es-ist-doch-alles-in-Ordnung-mit-Jesus-Haltung, obwohl der Herzensschrei gläubiger Männer kilometerweit zu hören ist. Und ich rede hier nicht von einigen wenigen schweren Fällen.

Man hat auch seitens der Leiterschaft oft Mühe, die richtigen Verantwortlichen für Männer-Aktivitäten zu finden. Hier lohnt es sich nachzurüsten. Und auch die Angst, von anderen Männern unterlaufen oder überholt zu werden, ist verbreitet und führt zu schwierigen Situationen in den Gemeinden. Die Rahmenbedingungen für Männer in unseren Gemeinden zu verbessern scheint ein Gebot der Stunde zu sein. Das heißt: Mehr Rücksicht nehmen auf typisch männliche Bedürfnisse.

Was sind das für Bedürfnisse?
- Sicherheit für echte gelebte Männlichkeit,
- männliche Kommunikation, die anders läuft als weibliche,
- mehr Ergebnis/Ziel-Orientiertheit,
- Trennung von Fakten und Emotionen,
- richtiges Verhältnis von Regeln und Beziehungen,
- männliche Emotionen ausdrücken dürfen,
- Fragen stellen dürfen,
- Männer-Freundschaften.

Anders ausgedrückt

Gemeinden sollten Männer nicht verunsichern, sondern ihnen einen sicheren Platz bieten. Es ist mehr Wert zu legen auf einheitliches und vertrauensvolles Vorgehen mit den entsprechenden Maßnahmen, z. B behutsames Einrichten von Männerforen, aus denen nach Eingewöhnung stufenweise Entwicklungspläne und daraus geistliche Partnerschaften hervorgehen können. Am Ende sollen verbindliche Nachfolge Christi und gute Beziehungsfähigkeit stehen: Männer nach dem Willen Gottes. Und auf dem Weg findet gewissermaßen nebenbei die Heilung der Vaterwunde statt. Es ist unglaublich, wie intensiv Männer ihren männlichen Partnern dienen können.

Der christliche Mann

Oft wird gesagt: Das Problem ist, dass Männer unpünktlich sind, ihre Zusagen nicht einhalten, dass sie zu ungeistlich, zu rüpelhaft, zu verletzend, dass sie keine guten geistlichen Leiter sind, dass sie mit ihren Frauen nicht richtig umgehen können und ihre Kinder nicht gut erziehen. Männer müssen mehr Pflichten übernehmen.

Aber wenn sie sich richtig gut anstrengen, dann können sie wenigstens angepasst und nett sein. Das gilt als das Modell christlicher Reife: berechenbar und gut sein. Nicht rauchen, nicht trinken, nicht schwören, schon gar nicht fluchen und schimpfen – und immerzu lächeln. Macht uns das zu echten Männern? Ist das nicht ein Trauma? Werden wir so nicht doch in die Arme des Marlboro-Mannes getrieben? Der ist wenigstens cool.

Schluss damit! Nie mehr Langeweile!

Also, was ist ein christlicher Mann heutzutage? Wenn wir ganz ehrlich sind: Viele christliche Männer sind über alle Maßen gelangweilt. Von der Art, wie sie behandelt werden, von dem, was man ihnen als schicklich vermittelt, von der Art, wie sie zur Mitarbeit gedrängt werden, von der Art, wie die Bibel ausgelegt wird, usw.

Natürlich ist die Mehrheit der Leiter männlich. Und eine stattliche Anzahl von Männern arbeitet treu in der Gemeinde mit. Aber nur ein geringer Teil der Gemeinden achtet darauf, dass verwundete Männer wirklich heil werden und Jesus ganzheitlich mit allem Potenzial nachfolgen können.

So bleibt die Frage, ob diese Männer mit ihrem Verständnis und Erleben von Mannsein und Gemeinde auf Dauer der große Segen sind, der sie sein sollten. Anders ausgedrückt: Sind wir vielleicht auch deshalb noch nicht weiter, weil eine ganz wichtige Gruppe in der Gemeinde in weiten Teilen noch nicht richtig freigesetzt wurde: die Männer?

Krise auch in der Kirche/Gemeinde Jesu

George Barna, der bekannte Trend- und Meinungsforscher der amerikanischen Kirche, fand heraus, dass in den 90er

Jahren, trotz all der prickelnden Männer-Aktivitäten wie *Promise Keepers* und anderen, die Gemeinden in den USA und anderswo zahlenmäßig um etwa 10 % zurückgingen. 1991 waren 42 % der männlichen Gottesdienst-Besucher aktiv am Gemeindeleben beteiligt. 1996 waren es nur noch zwischen 28 % und 14 %. All das passierte, als gleichzeitig Hunderttausende von Männern an Großveranstaltungen der *Promise Keepers* und anderen teilnahmen.

Das männliche Engagement in unseren Gemeinden ist auch bei uns nach meiner Wahrnehmung unbefriedigend. Das ergeben Gespräche mit Pastoren unterschiedlicher Gruppen. In manchen Gemeindebereichen sind sie gar nicht oder nur selten vertreten: Kinderdienst, Jugend, *Royal Rangers*, Tanz, Lobpreis, Gebet, Seelsorge etc. Sicher ist der Grad männlicher Unterversorgung von Gemeinde zu Gemeinde unterschiedlich.

Mehr noch

Engagierte Männer in unseren Gemeinden dienen oftmals mit einer kranken, verletzten oder gespaltenen Persönlichkeit, mit einem kranken Herzen. Und ihre Leiter verzweifeln und fragen sich, wie sie helfen können. Oft resignieren sie, weil die angesetzten Werkzeuge nicht greifen. Dabei wäre die Einrichtung und das Durchhalten von Männerforen vielfach schon der Schlüssel.

Leider haben wir uns auch damit abgefunden, dass die wirtschaftliche Lage von Männern verlangt, sich ganz aufs Geldverdienen zu konzentrieren, um die Familie vor finanzieller Not zu bewahren. So nehmen wir es schulterzuckend zur Kenntnis, wenn bestimmte Männer höchstens am Sonntag mit verschränkten Armen teilnahmslos auf ihrem Stuhl sitzen und dem geistlichen Geschehen nicht viel abgewinnen können.

Männer in unseren Gemeinden

Die großartigen Gotteserfahrungen der neunziger Jahre wurden nicht auf die lokale Umwelt und den Alltag der Männer heruntergebrochen. Von den verletzten Männern wurde offenbar nur ein kleiner Teil innerlich heil. Gemeinden waren nicht vorbereitet, die Heilung der Männlichkeit in ihren Seelsorge-Kontext einzuführen. Bestimmte Seelsorgeprogramme hatten keine speziellen Antworten auf das Problem der Vaterwunde. Es fehlte an Training, an Schulung für Gemeindeleitungen. Passivität (s. auch Kapitel 1) ist immer noch ein Problem und auch bekehrte Männer leben in ihrer Vaterwunde weiter von äußerlichen Erfolgen, Bestätigung, Anerkennung. Wirkliche, geistliche, von innen kommende Kraft ist wegen der ablenkenden schwärenden Wunde oft ein Wunsch geblieben.

Die Heilung von der Wunde bzw. die Füllung des Vakuums der Vaterlosigkeit findet bei vielen Männern offenbar prozesshaft über eine längere Zeit statt. Es fehlt vielfach auch an dem Bewusstsein, dass in bekehrten Männern noch viel mehr steckt, als sie zeigen.

Männer wurden nicht ausreichend trainiert, dass die heilende Veränderung, so sie denn erlebt wurde, alle Lebensbereiche ergreifen muss. Bei vielen Männern kommt es darauf an, nach Anfangssegnungen „dranzubleiben“. Männer geben ungern zu, dass mit ihnen noch nicht alles okay ist. Männer sind oft nicht in der Lage, im Kontext der lokalen Gemeinde ihren Platz zu finden. Und das hat nicht selten mit ihrer gestörten Männlichkeit zu tun. Die daraus resultierende Verwirrtheit verbarrikadiert die Berufung Gottes für den Mann.

Schließlich ist der Überlebenskampf in manchen Gemeinden so allgegenwärtig, dass keine Zeit bleibt, Männern mehr Aufmerksamkeit zu widmen. Wir brauchen also eine Art „gedeckten Tisch“ für Männer. Ihre Skepsis weicht aber nur, wenn der „gedeckte Tisch“ hält, was er verspricht. Dazu gehören vor allem authentische Mitarbeiter.

Väterliche Begleitung muss gelehrt und verstanden werden. Vorher hat sie keinen Sinn. Was nützt die Väterbewegung, wenn sie ein nationales Konzept bleibt, ohne auch auf den lokalen Gemeinde-Sektor heruntergebrochen zu werden? Dazu sollten wir Männer da einsetzen, wo sie am dringendsten gebraucht werden, also in den verschiedenen männlichen Beziehungsfeldern. Ich denke an jede Form praktizierter geistlicher Vaterschaft, das Thema unserer jungen Väterbewegung in Deutschland: Vater-Sohn-Versöhnungs-Meetings, Vater-Tochter-Treffen. Mitarbeit im Kinderdienst, in der Jugendarbeit. Männer-Frauen-Meetings. Männer-Männer-Programme. Zusätzlich Predigten und Lehreinheiten über das Bild der Frau, das Bild des Mannes, das Bild der Familie.

Wie ist das zu schaffen?

Wir brauchen nach unserer Bekehrung einen männlichen Kontext in unseren Gemeinden, indem wir uns spezifisch gesund männlich entwickeln können. Und wir brauchen ein besseres Verständnis für die Heilungsmöglichkeiten, die Gott uns gegeben hat.

Ganz praktisch

Man hat herausgefunden: Etwa 10 % der Männer verändern sich allein durch das Hören dieser Wahrheit.
Etwa 10 % weigern sich komplett und werden sich überhaupt nicht ändern. Die große Mehrheit von etwa 80 % verändert sich im Zusammenhang von Beziehungen. Und Beziehungen bedeuten soviel wie Dauer, Prozess.

Auch das ist Fakt

Nur etwa 10 % (geschätzt) unserer Gemeinden haben eine funktionierende Männerarbeit. Und etwa 90 % der christlichen Männer haben keine männlichen Freunde, wirklichen Freunde.

Und das ist noch wichtig

In unseren Gemeinden stimmt das Umfeld für solche Männer-Beziehungen oft nicht. Es gibt ganz bestimmte Bedingungen, unter denen man Männern am besten dient. Männer erleben Weite und Raum als „Sicherheit“, Nähe und Intimität dagegen als Gefahr. Anders die Frauen, die Nähe meist positiv erleben und Distanz als soziale Verlassenheit. Wenn Männer Gefahr wittern, suchen sie buchstäblich das Weite! Wenn Frauen Gefahr wittern, rücken sie näher zusammen.

Frage: Wie kann man die männliche Angst überwinden, dass in unseren Gemeinden alles zu eng ist?

- Ganz am Anfang stehen vertrauensbildende Treffen.
- Während wir Beziehungen fördern unter Männern, müssen wir Freiraum schaffen, in diesem Prozess keine zu engen und zu festen Regeln. Aber wenn wir Männer freisetzen wollen, dürfen wir auf diese Prozesse nicht verzichten.
- Wir müssen verstehen, dass unsere Ängste vor anderen Männern und vor Beziehung und Nähe überwindbar sind. Das geschieht dadurch, dass wir nach und nach die Qualität und den Wohlstand von solchen Beziehungen entdecken.
- Wir brauchen Männer, die anderen als Helfer dienen, durch diese Anfangsängste durchzukommen. Männer, die es schon geschafft haben, müssen das in Teachings einbringen und den Weg aufzeigen.
- Wir müssen dem auch noch ganz praktisch Rechnung tragen, indem wir Männer nicht in zu kleine Räume sperren: Ein Raum, der 100 Leute fasst, sollte höchstens mit 50 Männern belegt werden. Faustregel: groß genug für Sicherheit, eng genug für Beziehung.
- Teile des Prozesses sollten wir außerhalb der Gemeindemauern verlegen.

Und sie hörten die Stimme Gottes, des HERRN, der im Garten wandelte bei der Kühle des Tages. Da versteckten sich der Mensch und seine Frau vor dem Angesicht Gottes, des HERRN, mitten zwischen den Bäumen des Gartens. Und Gott, der HERR, rief den Menschen und sprach zu ihm: Wo bist du? Da sagte er: Ich hörte deine Stimme im Garten, und ich fürchtete mich, weil ich nackt bin, und ich versteckte mich. (1. Mose 3,8-10)

Hier fing Adam offensichtlich an, vermeintliche Sicherheit in der Distanz zu suchen. Fragen: Ist meine Gemeinde wirklich ein Ort, wo sich Männer sicher fühlen können? Kann ich mich hier entfalten? Kann ich heil werden in dieser Gemeinde? Kann man sich gefahrlos öffnen? Kann ich hier Freunde finden? Was wird man mit mir machen, wenn man meine Biographie kennt? Wie sollte ein sicherer Ort für Männer aussehen und welche Qualitäten sollte er haben? Welche Schritte sind zu gehen, damit die Gemeinde ein sicherer Ort wird und gleichzeitig Beziehungen entstehen können?

- Männer kommen zu Veranstaltungen, um Fragen zu stellen, weil sie fundamentale Zusammenhänge wissen wollen. Frauen dagegen kommen, um Atmosphäre und positive Bestätigungen zu suchen.
- Männer fragen, um ein Problem zu lösen, Frauen wollen akzeptiert werden und Zuneigung erfahren.
- Männer brauchen offene Fragen, die man nicht mit „ja" oder „nein" beantworten kann, sondern sie wollen diskutieren, um Verständnis zu gewinnen. Offene Fragen beinhalten eine Ermutigung zur Öffnung und zum Mitteilen persönlicher Lebensinhalte.
- Männer werden nur Fragen beantworten, wenn andere Männer zuhören und ebenfalls an Antworten interessiert sind. Deshalb ist es wichtig, jede gestellte Frage

sorgfältig zu beantworten und nicht gleich zur nächsten Frage überzugehen.
- Männer-bezogene Kommunikation sollte erlernt werden.

Schauen wir uns Richter 6,11-16 an:
Gideons Berufung zeigt, wie der Engel in seiner Kommunikation auf Gideon eingeht.
- Gideon ist arm dran.
- Der Engel ermutigt ihn.
- Gideon stellt Fragen.
- Der Engel lenkt das Gespräch um auf ein Ziel.
- Wieder stellt Gideon Fragen.
- Der Engel zeigt das Ziel in verständlicher Form.
- Gideon will jetzt Beweise.
- Der Engel gibt sie ihm in Form eines Wunders.
- Der Herr bestätigt
- und führt schrittweise in einen tiefen Glauben.

Männer sehen alles grundsätzlich als Herausforderung an, die es zu bewältigen gilt. Um sich gut zu fühlen, muss ein Mann den Eindruck haben, dass er sein Umfeld zumindest überblicken kann. Jedes Individuum wird zunächst abwägend als Hindernis gesehen, das überwunden werden muss, und nicht als beziehungs- oder kooperationsfähig.
Wir brauchen also ein klar definiertes Ziel in einer verständlichen Größenordnung, damit es mit Gottes Hilfe erreicht werden kann.

Männer denken eher linear und haben einen Tunnelblick. Eine Sache zur Zeit, unterteilt möglichst, in Einzelteile zerlegt, mit Lösungen in Einzelschritten, die noch nicht die Gesamtvision betreffen.
- Deshalb ist es gut, Männern stufenweise Lösungen anzubieten, um das Ziel zu erreichen.
- Wir brauchen also genug Struktur, um das Chaos zu

beherrschen, wir müssen chaotische Situationen vermeiden, weil sie Angst machen.
- Wir brauchen dennoch genug Freiraum, um im chaotischen Umfeld Beziehungen aufzubauen.

Männer sind einzigartig im Ausdruck von Emotionen. Sehr oft geschieht das durch Zorn. Sie brauchen deshalb Zeit, um die Emotionen zu verstehen und zu steuern.
- Wir müssen unser Verständnis von Zorn neu definieren. Zorn ist nicht immer Sünde (Epheser 4,26).
- Wir brauchen ein Umfeld, in dem Zorn ausgedrückt werden darf, ohne destruktiv zu sein. Das heißt: 24 Stunden Zeit, einmal darüber schlafen ist nicht schlecht. Danach muss der „Fall" noch einmal aufgegriffen werden.

Es geht also darum, einen sicheren Platz für Männer in unseren Gemeinden zu schaffen und so eine Plattform zu bauen, auf denen sich Beziehungen zur Leiterschaft und untereinander bilden können: Vertrauen, offene Fragen, Wort Gottes, Gebet, Reden des Heiligen Geistes, Versöhnung, Offenheit, Anteilgeben am eigenen Leben.
Versöhnung ist der Schlüssel. Versöhnung mit Gott durch Jesus ist der Schlüssel für Beziehungen unter Männern. Ein versöhnter Mann kann
- seine Eigenschaften ändern,
- sein Umfeld ändern,
- Hindernisse und Barrieren überwinden,
- zu Beziehungen führen,
- Beziehungen durch Versöhnung haltbar machen.

Mögliche Lehr- und Seminar-Themen:
- Den Vater entdecken
- Die eigene Identität entdecken
- Selbst ein echter Vater sein

- Männer und Frauen
- Heilige Sexualität des Mannes
- Männerfreundschaft
- Versöhnung/Vergebung
- Werte/Geld/Beruf
- Zeit- und Krafteinteilung
- Leiterschaft

Anforderungen an Leiter:
- dienende Leiterschaft leben,
- ehrlich mit sich und anderen sein,
- Nöte erkennen und nicht verdrängen,
- nicht perfekt sein, sondern echt, authentisch,
- Hingabe an das Wort Gottes leben,
- Anbeter Gottes sein,
- durch Christus mit sich Frieden selbst haben,
- zielstrebig sein,
- den Weg kennen,
- wissen, wie weit man gehen kann.

GÖTTLICHER MUTMACHER

Gemeinden tragen den Auftrag der Heilung. Wir brauchen Geduld. Oft können wir selbst mithelfen, Heilungsforen für Männer zu schaffen.

Authentisch Mann sein

Das männliche Leben in Verantwortung vor Gott und Menschen ist ein Leben, in dem der Kampf eine nicht geringe Rolle spielt. Das kann fraglos aus dem bisher Gesagten abgeleitet werden. Das gilt es anzuerkennen. Ein Mann muss wissen, ob und wo er Heilung braucht, wie er sein gottgegebenes Potenzial freibekommt, wo er Stärke und Kraft für ein sinnvolles Dasein holt und welche Feinde ihn auf seinem Weg bedrohen. Er braucht das Herz eines Kämpfers. Aber nicht nur das.

Wofür wir wirklich gemacht sind

So ungewöhnlich es klingt für unseren Kulturkreis: Ein Mann muss einen Kampf führen, zuerst gegen sich selbst. Dabei ist er nicht allein. Gott, der Vater, ist unwiderruflich auf seiner Seite. Über diese Dimension des Kampfes hinaus fragt ihn der Vater im Himmel, ob er bereit ist zusätzlich eine große Aufgabe in seinem Leben schultern, die sogar über Haus und Familie hinausgeht. Der Mann ist so eingerichtet, dass er etwas haben muss, an das er hingegeben ist, sogar bis in den Tod. Das ist hier schon mehrfach angeklungen.

An Gottes Seite stehen

Jeder Mann muss seinen spezifischen Platz an der Seite Gottes einnehmen in den Reihen des Herrn. Auf jeden Mann wartet ein göttlicher Auftrag. Deshalb ist es so wichtig über das Stadium der Verletztheit hinauszukommen. Nicht eher Ruhe zu geben, bis Heilung da ist. Und von Gott einen neuen Namen zu bekommen. Denn der Name sagt alles über die Lebensberufung eines Mannes.

An die eigene Bedeutung glauben

Jeder Mann hat in Gottes Augen Bedeutung. Jede Frau natürlich auch. Jeder Mann spielt eine wichtige Rolle in Gottes großem Plan. Das gilt es wirklich zu verstehen. Das ist der nächste Schritt in der göttlichen Lebenseinweisung. Es ist niemals Gott, der einem Mann suggeriert, er sei bedeutungslos.

Ein Kämpfer hat eine Vision

Die Wurzel des falschen Selbst war unser Wunsch, unser Leben irgendwie selbst zu retten – und wir haben es trotz aller Anstrengungen nicht geschafft, Markus 8,35, wir haben für uns selbst gekämpft, für unsere kleinen Pläne. Ein richtiger Kämpfer hingegen kämpft für etwas, das viel größer ist als er selbst. Ein Kämpfer ist aber auch schlau. Er weiß, wann er welche Waffen trägt, wann er kämpft, wann er sich zurückzieht usw. Wo auch immer er auftaucht, er weiß, dort warten drei Feinde: die Welt, das Fleisch und der Teufel.

Feind Nr. 1: das Fleisch

Das Fleisch, der alte Mensch, die sündige Natur in uns will immer den einfachsten Weg: Es ist einfacher sich selbst zu befriedigen, als mit der Ehefrau Sex zu haben. Es ist einfacher, die Garage aufzuräumen, als mit der eigenen Tochter zu reden, den Rasen zu mähen, als mit dem Sohn auf den Sportplatz zu gehen usw. Das Fleisch ist das Selbstsüchtige in uns. Aber das Fleisch bist nicht du selbst. Das Fleisch ist nicht die Neuheit des Lebens, die Paulus in Römer 7 beschreibt. Vor allem Römer 7,20: Nicht ich, sondern die Sünde in mir … Sünde ist nicht mein echtes Herz.

Das echte neue „Ich“

Das echte neue „Ich“ ist auf der Seite Gottes im Kampf gegen das falsche „Ich“. Der einzige Weg, damit fertig zu werden, ist es zu kreuzigen. Nicht unser Herz sollen wir kreuzigen, sondern unser Fleisch. Nicht unsere Sehnsucht nach Abenteuer, Kampf und Schönheit, sondern das Fleisch. Dieser Kampf in allen Schattierungen ist nicht so sehr gegen die Sünde als vielmehr das Ringen um Stärke und Kraft.

Anfangen aus der Stärke Christi zu leben

Anfangen aus der Stärke heraus zu leben heißt von Mal zu Mal stärker werden. Die eigene Stärke ist Christus, kommt von ihm und ist genussvoll. Mut und Stärke sind wie ein Löwe in dir und mir. Die Abhängigkeiten eines Mannes resultieren daher, dass er sich seiner eigenen Stärke nicht stellt.

Feind 2: die Welt

Das System kollektiver Sünde. Das ist die Welt. Nicht Alkohol, sondern Betrunkensein. Nicht Zigarren oder Zigaretten, sondern Abhängigkeit davon. Nicht Tanzen, sondern Tanzen mit ungöttlichen Absichten. Nicht Kino an sich ist „Welt“ und nicht jede Kirche ist „Nicht-Welt“. Die Welt bietet falsche Werte, Surrogate des Echten, falsche Ziele, falsche Kämpfe, falsche Heroen. Wenn du die Welt kennen lernen willst, dann sag deine Meinung, kämpfe für Gerechtigkeit und protestiere gegen falsche Politik. Dann fliegen dir die Fetzen nur so um die Ohren. Aber lass die Welt deine Kraft spüren und sie wird sich damit auseinander setzen müssen.

Feind 3: der Teufel

1. Petrus 5,8-9: Wir werden permanent von ihm attackiert. Wir müssen kämpfen, widerstehen, wachsam sein und von Jesus lernen. Der Teufel ist nicht Gott, er ist ein Geschöpf, er kann nicht alles, und durch Jesus sind wir ihm sogar überlegen, wenn wir in der rechten Weise gegen ihn vorgehen. Er versucht uns einzuschüchtern, er versucht sich und seine Absichten zu verschleiern, er versucht von sich abzulenken, er versucht uns immer zu täuschen, denn er ist ein Lügner von Anfang an. Er ist ein Durcheinanderbringer und ein Zerstörer. Wir brauchen keine Angst vor ihm zu haben. Er ist besiegt von Jesus, siehe auch Epheser 6,13-18.

Authentisch leben
Wir sehnen uns nach einem authentischen Leben. Wollen echt sein. Verbürgt, gültig, glaubwürdig. Andere lieben, unabhängig davon, ob sie uns lieben. Wir wollen so kreativ sein, dass Gott sich daran freut. Wir wollen wie Petrus dem Herrn auf dem Wasser entgegengehen. Oder wie es im Hohelied heißt: Aufstehen aus unserer Bequemlichkeit und mit dem Herrn auf die Berge gehen. Wir wollen Beter werden, die mit dem Heiligen Geist aus tiefster Herzenssehnsucht heraus beten. Wir wollen alles Falsche, Unechte, alles, was wir gar nicht selbst sind, ablegen.

Die Chance zum Leben
Wir wollen kein Problemfall sein, der anderen zur Last fällt, sondern Überwinder, Kämpfer, der anderen zum Segen wird. Dazu wollen wir Gott voll vertrauen. Gott hat alles so gemacht, dass es gut war und gut ist, und Christus hat die Sünde besiegt und das Kranke geheilt. Wir wollen das Leben mit allen Risiken aus seiner Hand nehmen.

Die Bühne des menschlichen Lebens
ist gefährlich und die Dramaturgie meines Lebens ist nicht vorhersehbar. Deshalb sage ich „ja“ zum Risiko. Risiko ist gut. Sicherheit ist letztlich nur in Gott selbst. Ich sage „ja“ zum Risiko in meinem Leben, das heißt, ich lebe im Vertrauen auf Gott. Ich weiß, ich werde nicht glücklich werden, wenn ich ohne Risiko leben will, in meiner Arbeit, in meinen Beziehungen und in meinem geistlichen Leben.

Gottes Gegenwart suchen
Gott ist in einer intimen Weise persönlich mit jedem von uns, und er spricht zu uns sehr persönlich, zu einem jeden in der Art und Weise, wie wir es am besten verstehen können. Und zwar nicht nur durch die Bibel, sondern durch die ganze Schöpfung. Zu einem Menschen durch Filme und Videos, zu

einem anderen durch Musik, zu wieder anderen durch Sonnenuntergänge, Freunde, die Natur, die Jahreszeiten und Bücher.

Zu mir hat er neulich durch eine Zigarettenreklame gesprochen. Da stand schwarz auf weiß: *No fight – no glory* = Kein Kampf – kein Ruhm. Das hat mich sehr angesprochen.

Selbst Verantwortung übernehmen

Wenn mein Leben bisher in vielen Bereichen keinen befriedigenden Verlauf genommen hat, so liegt es vielleicht daran, dass ich nach einem Konzept gelebt habe, das jemand anders für mich geschrieben hat. Vielleicht habe ich immer alle Welt gefragt, was ich tun soll mit meinem Leben, habe mich bemüht, keine oder wenig Verantwortung für mich selbst zu übernehmen, Risiko möglichst auszuschließen. Vielleicht habe ich geglaubt, jemand anderes könne mir sagen, wer ich bin und was ich tun soll. Ich erkenne, dass das nicht funktioniert. Sauls Waffenrüstung passt mir genau so wenig wie David.

Gott ruft mich heute aus meinem persönlichen „Ur" in Chaldäa heraus. Er will, dass ich mein Leben finde, das wert ist gelebt zu werden. Er wird mich dabei leiten. Er will, dass ich „Ja" zu mir sage, so wie ich wirklich bin. Ja zu meiner Biographie, ja zu meinem jetzigen Erkennen, ja zu einer echten Lebensperspektive. Wie das im Einzelnen läuft, ist Gottes Sache. Aber dass es läuft, hängt sehr stark von mir ab.

Mutig ins Risiko einwilligen

Wo wären wir heute, wenn Abraham sorgfältig die Pros und Contras von Gottes Einladung abgewogen hätte und sich entschieden hätte lieber in Ur zu bleiben? Weil dort Verwandte und Bekannte waren, Haus und Hof, Rente, Einkommen?

Und wenn Jesus nicht das gewaltige Abenteuer auf sich genommen hätte, die Welt zu erretten, wo wären wir dann heute? Viele von uns wenden immer noch viel Energie dafür auf,

Risiko zu minimieren. Aber wir können unser Leben nicht gegen jedes Risiko versichern. Und wir können nicht einfach alles zurückweisen, über das wir keine Kontrolle haben. Viele Männer verraten ihre Träume, weil sie nichts riskieren wollen, weil sie fürchten, der Herausforderung nicht gewachsen zu sein oder weil sie nicht wissen, dass die tiefsten Herzenswünsche in ihnen gut sind. Was würdest du am liebsten tun, wenn dir alles erlaubt wäre, wenn du noch einmal von vorne anfangen könntest? Frag nicht nach dem „Wie", sondern nach dem „Was"! Was ist in dein Herz geschrieben? Was macht dich wirklich lebendig? Tausche Kontrolle gegen deine Träume aus. Bei manchen von uns sind die Träume so tief verschüttet von allem möglichen anderen, dass man sie kaum noch findet. Aber sie sind da. Suche nach ihnen.

Geheimnisse anerkennen

Das größte Hindernis zum Wiederfinden unserer Träume ist die Verneinung von Geheimnissen. Wir wollen immer alles wissen. Aber Geheimnisse gehören zum Leben. Du kannst nicht alles erklären. Trotz Bibel. Es bleiben Geheimnisse. Gott ist das größte Geheimnis.

Und bleibt es auch

– bis wir ihn sehen. Und mit Gott gibt es keine Formeln. Keine Methoden. Keine Abkürzungen. Gott ist eine Person, keine Lehre. Er ist kein System und operiert auch nicht so. Er ist frei und lebendig. Man muss in seine lebendige Gegenwart eintauchen und nicht nur Informationen darüber suchen.

GÖTTLICHER MUTMACHER

Es ist Gottes Vaterliebe, die uns zu echten Männern macht, auch wenn andere Stimmen das ausschließen wollen.

Nachwort

Ich habe mein Leben lang mit meiner inneren Verletztheit gekämpft. Erst mit 60 habe ich herausgefunden, dass es sich um eine Vaterwunde handelt. Da war ich schon 17 Jahre Christ und viele Jahre lang als Leiter tätig. Ich hatte auch seelsorgerlich alles Denkbare probiert, jedoch ohne Erfolg. Der hier beschriebene Heilungs-Weg mit Heilungs-Reise und Heilungs-Korridoren ist authentisch. Vieles habe ich selber erfahren oder bei anderen Männern erlebt. Ich bin noch längst nicht am Ziel, aber es geht mir heute 100 % besser als noch vor ein paar Jahren. Heute bin ich 65. Und das Leben und meine Berufung vor Gott erscheinen noch einmal in ganz neuem Licht. Ängstlichkeit weicht zunehmender Risikofreude. Ich bin auch als geistlicher Vater helfend für Jüngere unterwegs. Das ist das Beste: zu sehen, wie andere frei werden in ihrer Männlichkeit, und das Abenteuer „Mannsein“ zu schultern. Ich wünsche dir, lieber Leser, genau diesen hier beschriebenen Durchbruch. Denk dran: Es ist nie zu spät.

In der „Mutmacher"-Reihe ist außerdem von Rudi Pinke erschienen

Rudi Pinke

Nicht von der Welt, doch für die Welt

Vorbild Daniel: Unverkrampftes Christsein in einer unchristlichen Umwelt

72 Seiten; Taschenbuch; Best.-Nr. 147345

In Ihrer Buchhandlung oder direkt beim Verlag

**In der „Mutmacher“-Reihe
ist außerdem von Rudi Pinke erschienen**

Rudi Pinke

Ton und Töpfer, Freund und Freund

**Sieben Beziehungsebenen
zwischen Mensch und Gott**

80 Seiten; Taschenbuch; Best.-Nr. 147343

In Ihrer Buchhandlung oder direkt beim Verlag